シリーズ「遺跡を学ぶ」089

狩猟採集民のコスモロジー

神子柴遺跡

堤　隆

新泉社

狩猟採集民のコスモロジー
―神子柴遺跡―

堤　隆

【目次】

装　幀　新谷雅宣
本文図版　松澤利絵

第1章　神子柴遺跡の発見

1　姿をあらわした石器群

迷宮《ラビリンス》と呼ぶには、神子柴《みこしば》にあってはいささか奇異な感じを受けるかもしれない。おそらく神子柴遺跡それ自身は、迷宮としてではなく、確固たる存在事由《レーゾンデートル》をもってそこにあるのであろう。

しかし、一万年を超す遥か過去の世界から、その本来の存在事由を引き出すことはきわめて困難な作業だ。そのなかに迷い込んでしまっているのは過去の人間ではなく、当のわれわれ考古学研究者自身なのである。このことを強く意識して、あえて非学術的ともいえるラビリンスという言葉に象徴させ、問題を喚起しようと思う。エッシャーの描く不思議絵ではないが、この迷宮では出口をみいだせないまま、半世紀という時が過ぎた。

一〇〇点にも満たない出土石器と、たかだか数メートル範囲の石器配置。そのなかに隠されていたのは、先史考古学最大のミステリーでもあった。

◀図1 ●神子柴遺跡出土の尖頭器
ポイントとも呼ばれる石器で、不純物のまったくない良質な諏訪星ヶ台群の黒曜石で作られている。実物大。

その謎解きの水先案内人を、本書では私が務めるが、なにしろ相手が手強すぎる。

この本を閉じたとき、稚拙な私の解釈より、もっと腑に落ちる結論を賢明な読者諸氏が導き出してくれることに期待しつつ、手探りで迷宮を進んでいこう。

ポイントを追え！

ある石器のスケッチが、いわばこの物語の主人公でもある林茂樹《しげき》の手元に持ち込まれたのは、一九五八年八月一五日、真夏の一日であった。それは、上伊那《かみいな》誌編纂会の原始古代班の委員を林とともに務める本田秀明《ひであき》の図で、みると石器はポイント、すなわち槍先《やりさき》のような格好をし、先が尖っている。本田によると、保管場所は南箕輪《みなみみのわ》小学校であるという。

翌一六日、すぐさま林は南箕輪小学校へと赴いた。

社会科資料室の木箱のなかに、大量に詰め込まれていた土器や石器のなかから、黒曜石のポイント二つが転がり出た。しかし肝心な出土地や採集日はまったく不明のままである。

林の執拗な追跡調査は続く。九月三日、西箕輪で黒曜石が出たという情報を聞きつけ、出土地の大萱《おおがや》地籍にスコップを入れてみた。しかしそれは空振りに終わった。

ようやく採集者が判明した。石器を学校に持ち込んだのは、北原美恵子という児童で、父親の今朝雄《けさお》氏が畑でみつけたものを、学校に届けたのだという。場所は神子柴区大清水《おおしみず》の丘の上だった。

林がなぜそこまで執拗にポイントを追い求めたのか。

その背景には、当時の考古学界の新たな学問の機運があった。

群馬県の岩宿《いわじゅく》遺跡で、日本で初めて赤土のなかに縄文以前の石器文化が確認されたのが一九四九年。ほどなく一九五二年には長野県において諏訪市茶臼山《ちゃうすやま》遺跡が口火を切って発見され、翌年には、日本列島固有の旧石器であるナイフ形石器の杉久保《すぎくぼ》遺跡（上水内《かみみのち》地域）、ポイントの馬場平《ばばたいら》遺跡（佐久地域）、細石刃《さいせきじん》の矢出川《やでがわ》遺跡（佐久地域）と、いずれも長野県下での縄文以前の石器の発見が続いた。

縄文以前の文化追求のムーブメントが湧き起った、そんな「発見の時代」がこの一〇年であった。林自身も一九五六年、赴任先の上諏訪中学校校庭の手長丘《てながおか》遺跡の赤土から、生徒たちとともにナイフ形石器を発掘し、すでにその洗礼を受けていた。

「伊那谷にも絶対あるに違いない」

一九五八年、郷里伊那中学校への転勤を機に、林はこうした信念のもと動きはじめたのである。

九月一五日、ようやく神子柴の丘の上へたどりついた。とうもろこしの葉ずれの音に、秋の気配が忍び寄っていた。

図2 ● 林茂樹
中央の白い帽子の人物が林。神子柴遺跡の第一次調査。1958年秋。

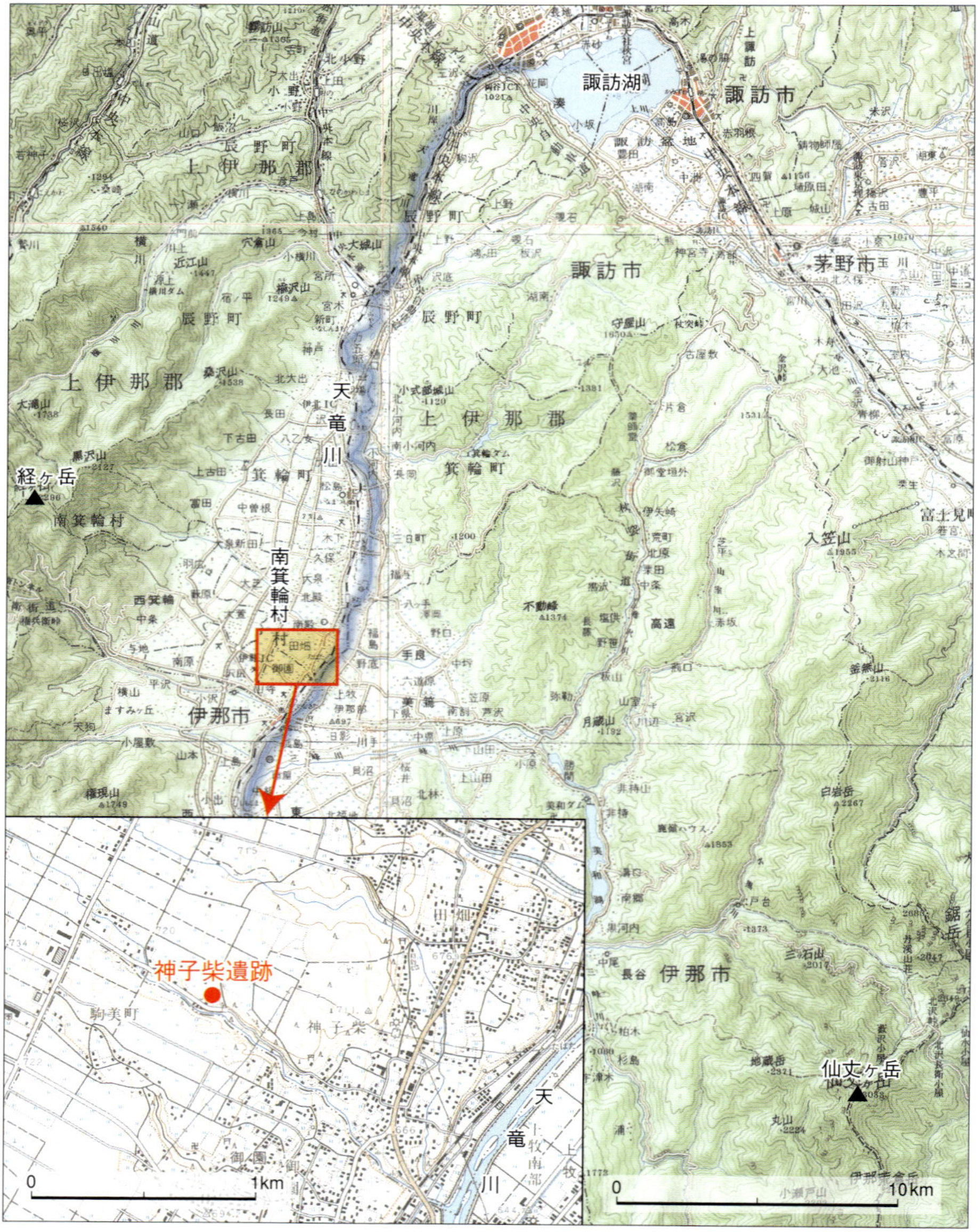

図 3 ● 神子柴遺跡の位置
信州伊那谷を貫く天竜川の右岸、上伊那郡南箕輪村にある。東をみると正面に南アルプスの峰々が連なり、背後の西側には中央アルプスの山々がそびえている。

天竜川に臨む丘の上に

信州のほぼ中央にある諏訪湖に端を発した天竜川は、伊那谷を貫いて南流し、やがて太平洋へと注ぐ。

「あばれ天竜」などといわれる天竜川に臨む丘の上に、神子柴遺跡がある。

南北一〇〇メートル、東西三〇〇メートルの舌《ぜっ》状《じょう》台地の東端に遺跡は立地し、標高は七一四メートル。長野県上伊那郡南箕輪村神子柴大清水七八八八番地、中央自動車道伊那インターチェンジの東側にあたる場所が神子柴である。

遺跡の眼下一四メートルには、地区名大清水の由来となった清冽な湧水があり、わさび田を潤したのち小河川となって、やがて一・五キロ先の天竜川へと合流する。

神子柴から東を望めば、三〇〇〇メートルを超える仙丈ヶ岳《せんじょうがたけ》など南アルプスの峰々が連なり、背後の西側には経ヶ岳《きょうがたけ》がそびえ、その脇を木曽谷《きそだに》へ

図４ ● 神子柴の台地
舌状台地の突端近くに神子柴遺跡がある。多くの人影がみえるのが発掘現場で、1958年当時は、のどかな田園風景が広がっていた。

と抜ける権兵衛峠《ごんべえとうげ》が続いている。

一〇月一〇日、神子柴の丘を踏査すると、黒曜石片三点が林の眼に止まった。

さらに台地の中央部を少し掘ったところ、長さ一二センチの黒曜石製ポイントがみつかった。見事な加工の痕跡がみてとれる。遺跡存在の確証を得た林は一〇月二三日、地権者の同意を得て長野県教育委員会経由で国に発掘許可願を提出した。

現在の文化庁の前身にあたる文化財保護委員会から許可が下りたのが一一月八日。

早速その日を待っていたとばかりに、試掘調査のメスが神子柴遺跡に入った。

林茂樹という男

神子柴は、おそらく林茂樹という一人の男の執拗な追求がなければ、この世には出なかったとつくづく思う。現在の神子柴周辺は、耕地整理がすでに終了、この調査がなければ、冷たいブルドーザの爪で遺跡は破壊されてしまい、決して日の目をみることはなかっただろう。

ここで林茂樹の人生を垣間みておく。

一九二四年、長野県上伊那郡中沢村（現・駒ヶ根《こまがね》市中沢）に林は生を受けた。

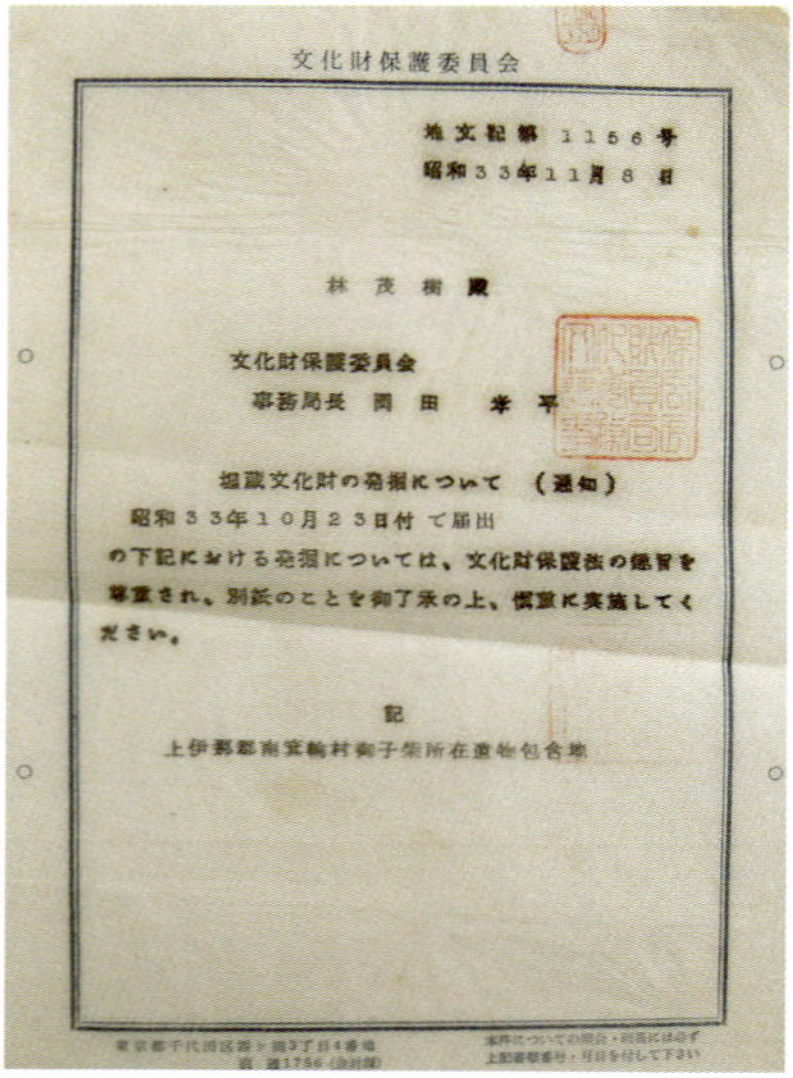
文化財保護委員会

地文記第1156号
昭和33年11月8日

林茂樹殿

文化財保護委員会
事務局長 岡田 孝平

埋蔵文化財の発掘について（通知）

昭和33年10月23日付で届出の下記における発掘については、文化財保護法の趣旨を尊重され、別紙のことを御了承の上、慎重に実施してください。

記

上伊那郡南箕輪村神子柴所在遺物包含地

図5 ● 発掘の許可通知
当時は文化庁は存在しておらず、文化財保護委員会から発掘の許可が下りた。昭和33年11月8日の日付がある。

長野師範学校本科を卒業後、海軍横須賀砲術学校をへて、一九四四年、戦艦長門に乗り込んでフィリピン沖海戦に海兵として参加。激戦のなか、なんとか南海の甲板上で命をつないだ。そして終戦。

復員後の一九四六年、林は郷里の中沢中学校教諭となった。以後、三五年間、長野県内の小中学校で教員生活を送り、宮田小学校長などを勤めたのち、一九八一年に教育職を辞した。

神子柴遺跡の三次にわたる発掘調査は、一九五八、五九、六八年になされた。林は、その最初の発掘を成功させた翌年、神子柴の発見を契機に長野県の内地留学生に選ばれ、東京大学人類学教室山内清男《やまのうちすがお》、明治大学考古学研究室杉原荘介《そうすけ》のもとで最新の考古学を学ぶ機会を得た。

おりしも日本は高度経済成長期を迎え、長野にも開発の波が押し寄せつつあった。一九六五年、林は県庁に呼び出され、長野県教育委員会に新設された文化財保護指導主事として、開発にともなう埋蔵文化財の保護に奔走した。林と同年代で奈良国立文化財研究所長を勤めた坪井清足《きよたり》は、林を貫いていたのは「海軍魂」であったという。

放射状に並んだ石槍《ポイント》

話を神子柴遺跡の最初の年の発掘に戻そう。

一一月八日、初日は数人で粛々と調査が進められた。発掘にあたった御子柴泰正《みこしばやすまさ》によれば、A地点と呼ばれる場所を掘りはじめて、三〇分もしないうちに最初の石器がみつかった。それは黒曜石の大きな石核《せっかく》（№64＝数字は重要文化財指定番号、以下同）であった。ほどなく局部《きょくぶ》磨製石斧《ませいせきふ》（No.1）もみつかった。

「ポイントならなあ」

こんな言葉がだれともなくつぶやかれた。

そう、この時点でのターゲットはあくまでポイントであり、後にポイントとともに神子柴タイプの石器としての双璧をなす局部磨製石斧の存在は認識されていなかったのだと、御子柴はいう。

翌九日は、曇りときどき雨。一一月にしては暖かい日だった。藤沢宗平《そうへい》、北原真人《まひと》、太田保《たもつ》、御子柴泰正、御子柴弘《ひろし》、根津清志《きよし》、藤沢平治《へいじ》、そして林茂樹の八名が発掘にあたった。

林が地権者のもとに出向き、神子柴へ戻ろうと丘をみあげた時、だれかの声がする。

「ポイントが……」

急いで駆けつけると念願の黒曜石のポイント。石器に並ぶ加工痕が薄陽を受けて美しい。

さらに下へと掘り進めると、象牙のように尖った乳白色の石がみえてきた。この時ばかりは身震いするよ

図6●折り重なって出土した尖頭器
下の4本の尖頭器は玉髄など乳白色の新潟産石材である。
上の1点は、信州産黒曜石の尖頭器。

うだったと、つい昨日の出来事のように太田保は語る。「竹べらが静かにわずかずつ土を除けていくと、長さ十七センチばかりの鋭いポイントが斜めに横たわっている。すばらしい石槍《いしやり》だ。その北側を静かに除土すると黒曜石が検出された。幅五センチ、長さ十八〜十五センチの黄白色柳葉形ポイント四本、先端を交叉して放射状に積重ねられたまま検出されたのだ」「黄褐色の土の中に淡黄色〜白色の石槍が放射状に並んでいる。誰しもが生まれて始めてだ。荘厳な状況にみな黙ってみつめているだけで、手が出ない。神秘的なものが漂っている」「どうしてこんなすばらしいものを置いていったんだろう」

林茂樹は、その発掘の一部始終を日誌にこう書き残している。

なぜ優品ばかりが遺跡に残されたのか。当初のその疑問は、半世紀をへた今日でも決着のつかない論争へとつながることを、すでに予見していたかのような記述である。

図7 ● 石器発見時（搔器 No.34）の歓喜
右から太田保、御子柴泰正、藤沢宗平、芹沢長介、伊沢幸平。11月23日。

全貌をあらわした石器群

神子柴遺跡の石器は七×三メートルの範囲からまとまってみつかった（図10・30頁図19参照）。

遺跡における石器分布は、何十メートルにも連綿と広がることがあるので、神子柴の場合、きわめて限定された範囲に石器が集中していたといえる。

さらに石器分布は南北に二分され、北側の分布は径四メートルほどの環状を呈してC字状にその一部が切れており、南側の分布は三メートルほどの範囲にまとまっていた。

神子柴遺跡の地層は、上から、黒色表土（二〇センチ）、ローム層へと移行する漸移層（二〇センチ）、ソフトローム層（四〇センチ）、ハードローム層（三〇センチ以上）となり、石器が集中したのは、黄褐色のソフトローム層のトップから一〇センチほどのレベルである。

神子柴遺跡から発掘された石器は、一次調査

図9 ● 神子柴遺跡の地層
Ⅱ層からは新しい時期の縄文土器が、いわゆる赤土のⅢ層からは神子柴型石斧No.4が出土しており、両者の時間的関係がわかる。

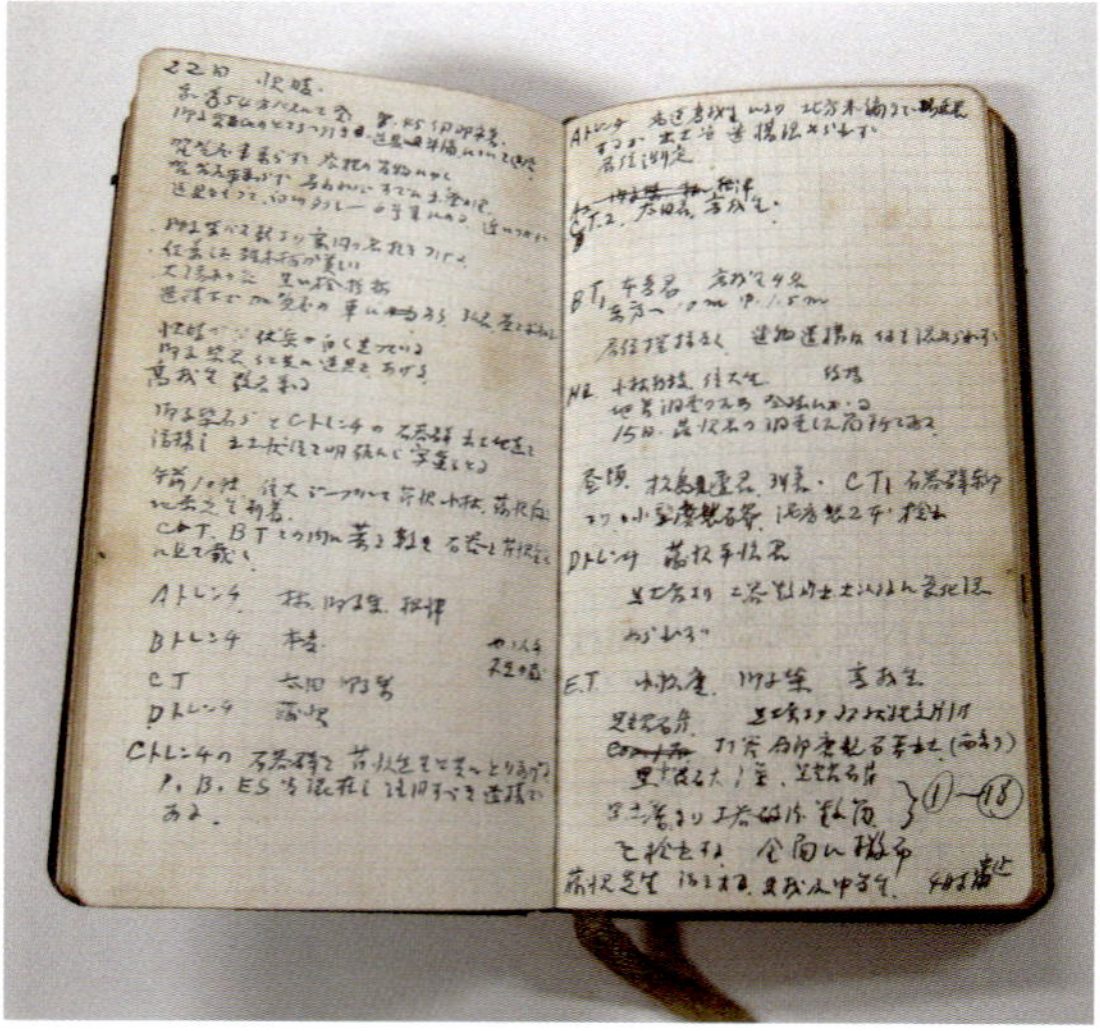

図8 ● 神子柴遺跡の調査を記録した手帳
林茂樹の几帳面な文字で、調査の状況が克明に記録される。開いたページは1958年11月22日のメモで、信州大学のジープで考古学の芹沢長介と地質学の小林国夫らが来訪したことを記している。

では総数八五点で、以下の内容からなる。

局部磨製石斧九点、打製《だせい》石斧四点、尖頭《せんとう》器《き》一八点、掻器《そうき》一一点、削器《さっき》八点、敲石《たたきいし》二点、石核一〇点、石刃《せきじん》一点、削片《さくへん》一点、剝片《はくへん》二一点である。

翌一九五九年の第二次調査では、その周囲が掘られ、台地を縦断するようにトレンチが入れられた。結局、第二次調査で出土した石器はキュウリ形の砥石《といし》二点（No.53・54）のみにとどまり、総数が八七点となった。すなわち、石器の分布する主要部は第一次調査でほぼ掘りつくされたことになる。

遺跡の発見から発掘、そしてきわめて重要な石器群との遭遇までは、調査者の努力の賜物とはいえ、順調すぎるほど順調であったといっていい。

むしろ神子柴遺跡の困難はその後の半世紀にもおよぶ長い時間のなかにあった。

図 10 ● 姿をあらわした石器群

石斧・尖頭器・掻器・削器・石核などが環状にずらりと並ぶ北群。2 メートルのポールのある中央は分布の空白部。石器は水洗い後再配置したもので、出土当初の状態とは異なるものがある点で注意が必要である。

2　神子柴石器カタログ

神子柴遺跡で発見された石器八七点について、ここで全点の写真を掲載し（図11〜16）、その概要についてふれておきたい。なお本書の石器の番号は、すべて重要文化財指定番号と一致するもので、以後も石器の呼称はその番号で統一する。

石斧

刃の部分を磨いた局部磨製石斧九点（図11・No.1〜9）と、磨かれていない打製石斧四点（図12・No.10〜13）がある。局部磨製石斧では、二〇センチ前後の大型品（No.1〜6）と、一〇センチ前後の小型品（No.7〜9）の二者がみられた。一方、打製石斧は、二〇センチを超す大型品三点（No.10〜12）と、一五センチほどの中型品一点（No.13）の二者がある。石斧の石材には、凝灰岩《ぎょうかいがん》、黒雲母粘板岩《くろうんもねんばんがん》、砂岩《さがん》、緑色岩《りょくしょくがん》が用いられていた。

尖頭器

石槍ともポイントともいわれる木の葉形に仕上げられた石器で、調査前の採集品三点と発掘品を含め一八点ある（図12・No.14〜18、図13・No.19〜31）。なかには二五センチもの下呂石《げろいし》製の大型品（No.18）があり、折れた先端が接合した。このほか尖頭器では、下呂石製一点、玉髄《ぎょくずい》製三点、凝灰質頁岩《ぎょうかいしつけつがん》製一点、珪質《けいしつ》頁岩製一点、凝灰岩製一点、黒曜石製一〇点がみられた。黒曜石製のうち二点はその基部側の一端もしくは両端を大きく欠損しているものであった（No.19・20）。

④局部磨製石斧
砂岩
（長さ20.9cm）

③局部磨製石斧
黒雲母粘板岩
（長さ19.7cm）

②局部磨製石斧
黒雲母粘板岩
（長さ20.4cm）

①局部磨製石斧
凝灰岩
（長さ22.0cm）

⑨局部磨製石斧
凝灰岩
（長さ8.7cm）

⑧局部磨製石斧
凝灰岩
（長さ7.4cm）

⑦局部磨製石斧
凝灰岩
（長さ11.2cm）

⑥局部磨製石斧
黒雲母粘板岩
（長さ20.8cm）

⑤局部磨製石斧
黒雲母粘板岩
（長さ21.2cm）

図 11 ● 神子柴遺跡の石器カタログ①　局部磨製石斧（縮尺 1/3）

⑬打製石斧
凝灰岩
（長さ15.0cm）

⑫打製石斧
砂岩
（長さ22.2cm）

⑪打製石斧
緑色岩（苦鉄質火山岩）
（長さ23.0cm）

⑩打製石斧
砂岩
（長さ21.2cm）

⑱尖頭器
下呂石
（長さ25.1cm）

⑰尖頭器
凝灰質頁岩
（長さ17.6cm）

⑯尖頭器
玉髄
（長さ13.9cm）

⑮尖頭器
玉髄
（長さ17.1cm）

⑭尖頭器
玉髄
（長さ15.3cm）

図 12 ● 神子柴遺跡の石器カタログ② 打製石斧と尖頭器（縮尺 1/3）

㉒尖頭器
黒曜石（諏訪星ヶ台群）
（長さ14.2cm）

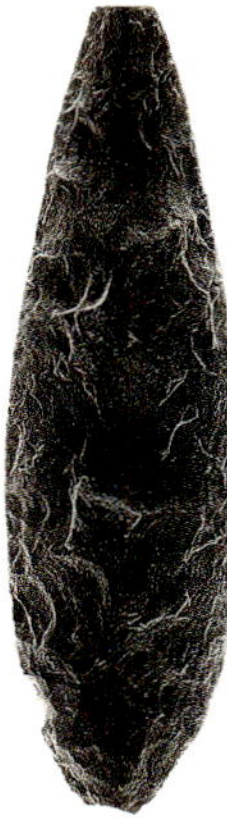

㉑尖頭器
下呂石
（長さ16.4cm）

⑳尖頭器
黒曜石（和田土屋橋北群）
（長さ9.0cm）

⑲尖頭器
黒曜石（和田土屋橋西群）
（長さ8.0cm）

㉗尖頭器
凝灰岩
（長さ9.6cm）

㉖尖頭器
珪質頁岩
（長さ11.3cm）

㉕尖頭器
黒曜石（諏訪星ヶ台群）
（長さ12.3cm）

㉔尖頭器
黒曜石（諏訪星ヶ台群）
（長さ10.9cm）

㉓尖頭器
黒曜石（諏訪星ヶ台群）
（長さ11.9cm）

㉛尖頭器
黒曜石（諏訪星ヶ台群）
（長さ8.6cm）

㉚尖頭器
黒曜石（諏訪星ヶ台群）
（長さ9.5cm）

㉙尖頭器
黒曜石（諏訪星ヶ台群）
（長さ9.9cm）

㉘尖頭器
黒曜石（諏訪星ヶ台群）
（長さ10.5cm）

図13 ● 神子柴遺跡の石器カタログ③　尖頭器（縮尺1/3）

⑰搔器
玉髄
(長さ8.6cm)

㊱搔器
珪質頁岩
(長さ16.6cm)

㉟搔器
珪質頁岩
(長さ14.6cm)

㉞搔器
黒曜石(諏訪星ヶ台群)
(長さ17.8cm)

㉝搔器
珪質頁岩
(長さ11.4cm)

㉜搔器
珪質頁岩
(長さ15.5cm)

㊳搔器
碧玉(鉄石英)
(長さ9.7cm)

㊹削器
珪質頁岩
(長さ14.1cm)

㊸削器
珪質頁岩
(長さ10.4cm)

㊷搔器
黒曜石(諏訪星ヶ台群)
(長さ10.6cm)

㊵搔器
黒曜石(和田鷹山群)
(長さ4.8cm)

㊶搔器
玉髄
(長さ4.4cm)

㊴搔器
玉髄
(長さ7.9cm)

㊺削器
玉髄
(長さ12.5cm)

㊿削器
黒曜石(諏訪星ヶ台群)
(長さ5.8cm)

㊾削器
黒曜石(諏訪星ヶ台群)
(長さ6.2cm)

㊽削器
珪質頁岩
(長さ8.0cm)

㊼削器
珪質頁岩
(長さ6.7cm)

㊻削器
玉髄
(長さ8.7cm)

図 14 ● 神子柴遺跡の石器カタログ④　搔器と削器(縮尺 1/3)

⑰石核
黒曜石（和田鷹山群）
（長さ13.6cm）

52敲石
安山岩
（長さ11.5cm）

51敲石
安山岩
（長さ11.3cm）

53砥石
砂岩
（長さ8.4cm）

58石核
黒曜石（和田鷹山群）
（長さ11.7cm）

55石核
黒曜石（諏訪星ヶ台群）
（長さ8.5cm）

59石核
黒曜石（諏訪星ヶ台群）
（長さ14.6cm）

56石核
玉髄
（長さ11.8cm）

54砥石
砂岩
（長さ20.2cm）

図 15 ●神子柴遺跡の石器カタログ⑤　敲石・砥石・石核（縮尺 1/3）

62 石核
黒曜石（諏訪星ヶ台群）
（長さ8.0cm）

61 石核
黒曜石（諏訪星ヶ台群）
（長さ7.9cm）

60 石核
黒曜石（和田鷹山群）
（長さ9.1cm）

84 接合資料
黒曜石（諏訪星ヶ台群）
（長さ17.8cm）

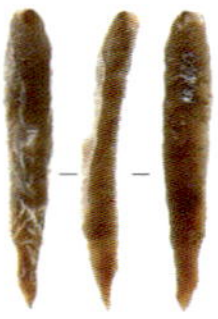

65 削片
玉髄
（長さ6.1cm）

64 石核
黒曜石（和田鷹山群）
（長さ19.7cm）

63 石核
黒曜石（諏訪星ヶ台群）
（長さ17.3cm）

85 石刃
玉髄？
（長さ12.1cm）

66 剥片の接合資料（17個が相互に接合し、一個の黒曜石原石に復元された）
黒曜石（和田鷹山群）
（長さ12.9cm）

図 16 ● 神子柴遺跡の石器カタログ⑥ 石核・削片・黒曜石の接合資料・石刃（縮尺 1/3）

掻器・削器

切削用の加工具とされるもので、掻器が一一点（図14・No.32〜42）、削器が八点（図14・No.43〜50）みられる。掻器は石器の長軸の一端に加工で円形の刃部を設けたもの、削器は石器の側縁に直線的な刃部を設けたものである。掻器、削器ともに、石刃と呼ばれる整った細長い素材を用いていることに大きな特徴がある。石材は、黒曜石、珪質頁岩、玉髄などであった。

敲石と砥石

石器製作用のハンマーとみられる安山岩の敲石が二点（図15・No.51・52）、石斧の刃を磨くためと考えられるキュウリ形の砂岩の砥石が二点（図15・No.53・54）出土した。

石核

石器の素材となる剥片や石刃を打ち剥がす母体となる石で、一〇点が出土した（図15・No.55〜59、図16・No.60〜64）。一点の玉髄（No.56）以外はすべて黒曜石の石核である。No.57や59の黒曜石石核の剥離痕をみると、明らかに縦長に整った石刃を剥がしていることがわかる。

削片

小型で細長い玉髄の石器が一点あるが（図16・No.65）、これについては湧別《ゆうべつ》技法などとよばれる北方系の細石刃技法の産物であるという見方がある。小さくても重要な存在である。

接合資料

立方体に割れた剥片一七個が接合し、ほぼ黒曜石の原石に戻る接合資料がある（図16・No.66）。これは火によってはじけて多数に割れてしまったものと説明がなされたことがあったが、石器の表面に火を受けた痕跡はまったくない。原石を大きく打ち割る際、なかに含まれるたくさんの不純物の含有個所に衝撃が伝わり、バラバラにわれてしまったものとみられる。

このほか、図16・No.84は黒曜石の掻器・削器三点（No.34・42・50）の接合例、図16・No.85は以前より所在不明となっている石刃である（No.85のみ重文未指定）。

3　遺志をつぐ調査研究報告書の刊行

難航する整理作業

一般に遺跡の発掘調査とは、発掘が終了すれば任務が完了したかのように思われがちだ。しかし、むしろ発掘の終了後になされる遺物整理作業と、それをもとにした調査研究報告書作成にずっと時間がかかる場合が多い。遺構や遺物の性格などに論及した調査研究報告書がないかぎり、多くの考古学者がその成果にふれることは困難だ。

発掘後は、出土品の水洗い、出土番号の記入、接合、復元、計測、図化、写真撮影、データの記載、出土位置や遺構図面の整理、製図などさまざまな作業が待っている。また、考古学者の大きな悩みのタネは、調査研究にかかわる原稿執筆で、重要な遺跡となると眠れぬ夜が続く。「キンカン、キンカン、もうミカン」などという冷やかし言葉があるが、近刊であったはずの報告書が未刊となってしまうケースもザラである。

神子柴も発掘の終了後から整理作業が開始されたが、最初の発掘成果は、一九六一年の雑誌

『古代学』に「神子柴遺跡第一次発掘調査概報」として、藤沢宗平と林茂樹の連名で掲載され、学界に衝撃をもって受け入れられた。しかしながら、なかなかそのゴールともいえる調査研究報告書の刊行にまではこぎ着けなかった。その成果が世に出るまでに気の遠くなるような歳月が費やされようとはだれが予測しただろうか。

一九六八年、二〇代の若き考古学徒だった稲田孝司《いなだたかし》（岡山大学名誉教授）も林に呼ばれ、伊那市のホテルに缶詰めになって神子柴の石器の図を書いたという。ことに精緻な石器製作技術によって作られた神子柴遺跡の石器の図化はその後も難航をきわめた。

一九八八年、最初の発掘から三〇年後、神子柴の六六点（№１～66）の石器は国重要文化財に指定された。日本を代表する石器という最高の評価がつけられたわけだが、逆に手にとって観察したり、図化したりという行為が容易にできなくなり、報告書の刊行はさらに遠のいた。

五〇年後ついに研究報告が

一九九三年の一月、突然の出来事が林の身にふりかかった。その日、神子柴遺跡の報告書用の原稿を印刷所に郵送すべく街に出かけた林は、途中で脳出血を起こして倒れ長期入院、報告書の原稿の一部が行方不明となってしまったのである。

「絶望状態に陥った」

林は当時のことをこう語っている。

とはいえ、悪いことばかりが続くわけではなかった。倒れた翌年、神子柴での功績が認められ、相澤忠洋《あいざわただひろ》賞が授与されることとなったのである。林は、不自由な身体を押して、群馬県の相澤忠洋記念館へと向かった。その折に立ち寄った岩宿遺跡で、不思議な体験が起こった。岩宿の崖面に、亡くなった相澤の風貌が突然あらわれて「林さん、神子柴の報告書は？」と問いかけられ、「余りにも強いショックで脳天に電流が走った」という。

再び林は不自由な身体を押して、神子柴の報告書づくりに向き合うことになった。そして林の手元には膨大なノートが残された。神子柴をめぐるさまざまな問題や論点を書きつらねたものである。しかし二〇〇四年二月九日、願いを叶えられぬまま、林は帰らぬ人となった。

林の遺志を受け継ぎ、なんとか報告書を作成しようと、長野県内の考古学研究者が再び集うことになった。実際の発掘に従事した本田秀明・御子柴泰正・太田保、上伊那考古学会長の丸山敞一郎《しょういちろう》、小平和夫、宮脇正実《まさみ》、中村由克《よしかつ》、大竹憲昭《のりあき》、須藤隆司《たかし》、谷和隆《かずたか》、藤森英二《えいじ》らである。私もそれから夜毎ペン先を研いでその美しい石器の製図にあたった。石器の頂点ともいえる神子柴にふれることは、研究者としては至福の時だった。

さらに、当初神子柴遺跡の整理にあたった稲田孝司、地層や火山灰の記述では河西学（山梨

図 17 ● 芹沢長介（左）**と小林達雄**（右）
神子柴遺跡の第 2 次調査（1959 年）にて。

文化財研究所）、黒曜石の産地分析では鈴木正男（立教大学名誉教授）、望月明彦（沼津高専名誉教授）らが報告書作成に加わり、いっそう充実した考究がなされた。

　また、神子柴の第二次調査に参加した小林達雄（國學院大學名誉教授）からは、神子柴第一次調査の石器出土状態の写真の引き伸ばしを芹沢《せりざわ》長介《ちょうすけ》のもと暗室で手伝いながら、次第に浮き出てくるその出土状態に固唾を呑んだというリアルな興奮を伝える序文が届いた。

　精緻で美しい石器の記録写真は、おびただしい数の考古遺物を撮りつづけているカメラマンの小川忠博《ただひろ》に依頼した。また、神子柴遺跡の研究成果は、いわば日本の先史時代研究を代表し、世界にその成果を問うものであることから、すべての図に英文のキャプションを、論考には英文要旨を付すことにした。正確な学術英文は、旧石器研究者でもあるチャールズ・キーリ（上智大学名誉教授）が筆を起こしてくれた。林の執念の研究成果がベースとなり、またその遺志を何としてでも叶えたいという情熱が結集され、報告書づくりが進んだ。

　二〇〇八年、最初の発掘から五〇年目にあたる記念すべきその年、ついに調査研究報告書が刊行されることになった。発行月日は林の命日である二月九日に定め、駒ヶ根市にある林家の仏前に報告書が供えられた。林は遠い空の上で何を思ったか。それは林茂樹へのよき鎮魂歌となりえたのだろうか。

図 18 ● 神子柴遺跡の調査研究報告書
2008 年 2 月 9 日刊行。

第2章　謎の探究へ

神子柴をめぐる四つの論争

神子柴遺跡は、いくつかの重要な論争を学界に引き起こしてきた。

第一に遺跡の性格をめぐる論争、第二に石器の機能をめぐる論争、第三に石器群の出自をめぐる論争、第四に旧石器か縄文かその時代観をめぐる論争である。たんに「神子柴論争」といった場合、その時代観をめぐる論争をさすが、それ以外にも三つもの争点が神子柴には横たわっている。

これらはいずれも未決着のままであるが、本書ではその四つの論争について踏み込んでみたい。まず本章では、遺跡の性格をめぐる論争についてふれ、つづいて遺跡の性格と不可分な問題である石器の機能をめぐる論争について述べる。次章では、神子柴石器群の出自をめぐる論争について関連する石器群とともにふれ、最終章でその時代観をめぐる論争にふれてみることにしたい。

1　謎めいた石器の配置

遺跡に残されたモノ

遺跡と聞くと、あたかも素晴らしい財宝が眠っているかような感を受ける。

しかし、ロマンを壊すようで恐縮だが、一般集落の場合、遺跡に残された出土品は、廃棄した当事者にとっては「不燃ゴミ」の集合体といえるかもしれない。割れて使えなくなった土器、石器製作の失敗品や石クズなどなどがそれである。考えてみると、ムラを立ち去る際、まだ使える食器や道具類をわけもなく残していくはずがない。一方、生活で生じる食べ物の残飯、骨や木など「生ゴミ」や「可燃ゴミ」は、千年、万年という時が消し去っている場合も多い。

いずれにせよわれわれ考古学者は、ゴミ捨て場をあさる野良猫にすぎないのか。

いいや、そのいずれのゴミも、学問にとっては当時の生活や文化・社会を知るうえでの貴重な証言者、すなわち宝の山なのである。

もちろん遺跡に残されるのはゴミばかりでない。たとえば奈良県藤ノ木《ふじのき》古墳の石室《せきしつ》には、贅を尽くした豪華絢爛たる副葬品が埋葬された。集落とは対照的に墳墓《ふんぼ》には財宝が埋まっている。墓荒らしが横行するのも理解できる。

神子柴遺跡に残されていたのは、破損していない、ほれぼれするほど見事な道具の数々だった。いったいなぜ。ここに神子柴遺跡の性格をめぐる論争の火蓋が切って落とされた。

当初、俎上に乗ったのは「墳墓説」であるが、いつしか立ち消えになった。しかしその後

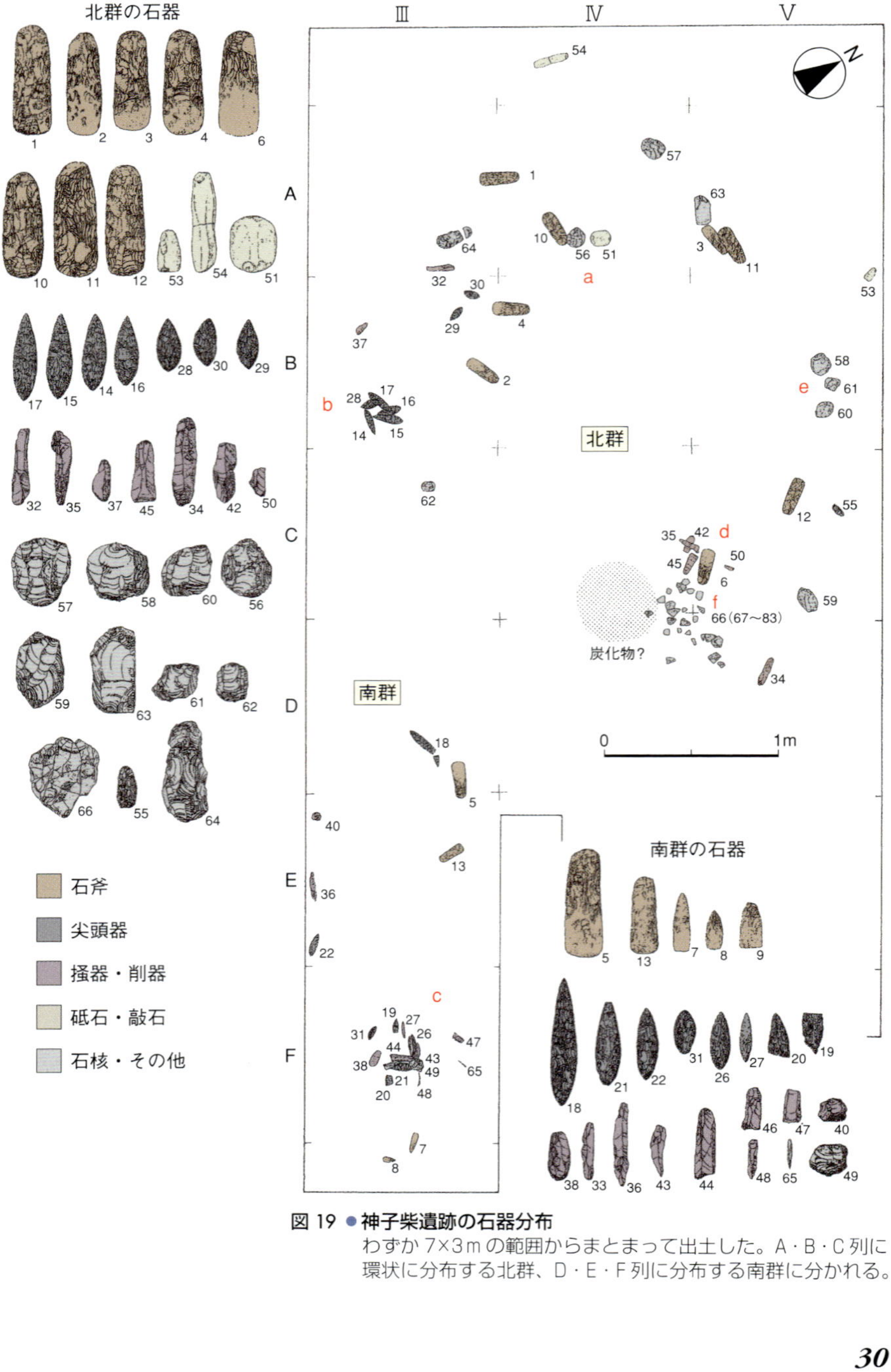

図 19 ● 神子柴遺跡の石器分布
わずか 7×3m の範囲からまとまって出土した。A・B・C 列に環状に分布する北群、D・E・F 列に分布する南群に分かれる。

「デポ説」が強力に浮上してきた。「デポ」とは物資のストックなどを示す場所のことだ。一方で「住居説」もその座を譲らない。

石器の空間配置

各説を紹介する前に、神子柴遺跡の石器の空間配置についてくわしくみておこう。

七×三メートルの範囲からみつかった石器群のなかには、特徴のある小さな石器集中がみいだせ、便宜的にスポットaからfと名づけられた。それらのスポットをみると、同種の石器がまとまって出土する傾向がある。

もっとも特徴的なのは、尖頭器数点がまとまって出てきたスポットbであろう。

スポットbは、尖頭器No.14～17の四点が集積された場所である。興味深いのは、四点が黄白色の石材であったことで、同じ色調・質感の完成品を意図的にまとめていることがうかがえる。後にくわしく述べる石材鑑定では、四点のうち三点が玉髄、一点が凝灰質頁岩であり、いずれも神子柴から一〇〇キロ以上離れた新潟県以北にみられる石であるという。遠隔地のエキ

図20●尖頭器の並ぶスポットb
新潟以北の石材の尖頭器4点を、長軸をそろえて置いたとみられる。

ゾティックな素材の尖頭器があえてまとめ置かれていた場所とみられる。

「放射状に並んでいる」と日誌に書かれたこれらの尖頭器だが、よくよく観察すると放射状というのは表現上のことで、実際は石器の長軸をそろえて置いたことが考えられる。なお、この四点の石器の上部一〇センチのところから黒曜石の尖頭器No.28がみつかっているが、本来の位置を動いた可能性があり、四点の石器とは切り離して考えたほうがよさそうである。

スポットbと北側で対面するスポットeでは、石核三点が並んで出土した。いずれも信州和田峠産地群の良質な黒曜石製であるが、ここから剥がされた剝片が遺跡内に存在せず、この場所で剝離作業がおこなわれた形跡はない。

スポットfでは、もともとはひとつの原石であった黒曜石が、五〇センチほどの狭い範囲からばらばらの剝片の状態で二一点出土した（うち一七点が現

図22 ● 黒曜石片の集中するスポットfとスポットd
バラバラになった黒曜石片21点からなるスポットfと、掻器・削器・石斧のスポットdが重なる。

図21 ● 石核の並ぶスポットe
信州産黒曜石の石核3点が並ぶ。

存)。これは大きな黒曜石の塊の段階で、素材を得ようとハンマーで一撃を加えたとき、なかに入ったたくさんの気泡によってバラバラに割れてしまったものとみられる。

スポットfの南隣りには、径五〇センチほどの範囲に炭化物に似た集中がみられたという。遺跡の構造を考えるうえできわめて重要な点であるが、調査後半世紀という時をへてその記録が残っておらず、くわしいことは不明である。

スポットbとスポットeにはさまれたやや広い石器分布スポットaでは、大型の石斧が六点と目立って残されている。また、その外縁にはキュウリ型の砥石二点(No.53・54)がある。

スポットcには、小型の石斧と尖頭器、掻器・削器がまとめて残されている。後に述べる使用痕分析からすると、使用された石器が数多く含まれることに特徴がある。

こうした各スポットからなる石器のまとまりは、大きく南群と北群に分かれる。北群に数多く分布するのは、遺跡近傍で求められる石材を使った石斧や、和田峠周辺の黒曜石を用いた石核、砥石・敲石など、大きく重い石器が中心である。これらの石器には、利用が進行しないか、未使用とみられる石器が多く

図23●尖頭器・掻器・削器類の並ぶスポットc
50㎝ほどの狭い範囲に石器がまとまってある。

含まれる。逆に南群には、尖頭器および掻器・削器が多く、使用されたとみられる石器も含まれることが対照的である。

遺跡の性格をめぐって

「この出土状態の示す意味は何であろうか。墓地としての副葬の形、住居における用具の配置、経済行為としての貯蔵、祭祀儀礼の中の献納等、石器時代人の社会や生活の情報として重要である」林茂樹は、第一次調査翌年の一九五九年の「神子柴遺跡調査略報」(『上伊那教育』二一)のなかで、その性格について考えられうる多様な可能性を早くもこのように指摘している。

まず、神子柴遺跡の性格をめぐる諸説を垣間みておくことにする。

墳墓説

調査者の林茂樹らは、発掘のおこなわれた当初は、墳墓説も視野に入れていた。芹沢も、斧や槍が副葬されるシベリアの墳墓との共通性についてふれたことがある。しかし、現在この説は立ち消えしたといっていい。神子柴には、人骨の痕跡がまったく残っておらず、棺のような痕跡もみあたらない。ただ、私自身、韓国の遺跡調査におこなった際、大量の磨製石斧を副葬した厚浦里遺跡の新石器時代の墳墓の実例を知り、神子柴を思ったことがある。

住居説(生活跡説)

神子柴遺跡の調査から一〇年後、稲田孝司は林茂樹からその石器の整理を任され石器を手にとって観察した結果、デポと呼びうるような性格のものではない、と考えるようになったという。稲田は二〇〇八年の神子柴遺跡の調査研究報告書のなかで、「神子柴の石器群からは移動生活のなかにおける石器製作の循環過程をかなり明瞭に読み取ることができ、基本的に通常の生活跡、住居跡と考えてさしつかえないと判断した。この考えは現在にいたるまで変ら」ないといい、「神子柴遺跡の石器出土範囲はテントで覆われた住居跡であったろう」と推測する。

さらに稲田は、神子柴遺跡は、少なくとも四回の居住と三回の移動によって形成されたものであると考え、居住した人びとは、男性七、八人を含み、女性・子ども・老人など十数人から二〇人前後の集団と推定する。愛知学院大学の白石浩之《ひろゆき》も、C状にめぐらした複数の石器は、住居の壁際に同一器種を中心に意識して配列したことを想定する。明治大学の藤山龍造《りゅうぞう》も、広範かつ急速な移動生活のなかで残された短期的な居住地であると神子柴を理解している。

早くから神子柴系文化を追求してきた森嶋稔《みのる》も、神子柴の石器は生活セットのひとそろいであり、積極的に生活跡的であると考える。また、発掘者の林茂樹自身も、後年は住居説に傾くようになった。林は『長野県史』の神子柴遺跡の解説のなかで、その楕円形の石器配置は平地におけるテント状屋内のもので、生活址的な色彩が濃く、デポなどのように単純な器種を一括埋納した遺構とはとうてい考えられない、と述べている。

デポ説

山内清男や佐藤達夫は、神子柴遺跡では「多数の完成品が一か所にかたまって出ている。（中略）これらはデポ（depot）ともいうべきもので、交易関係の遺跡とみられる」とし、「完成品または準完成品が固まって出土するデポ（収蔵遺跡）（中略）および製作遺跡は欧米の学会では古くから注意され、当時の製作所から消費地の間に介在する交易関係の遺跡として知られて居る。そして製作・運搬・交易を示すこの種の遺跡が普通新石器時代に至って生じたものであることも否定し得ないところである」と述べている。岡本東三《とうぞう》も、デポというそのあり方を追認する。

田中英司《ひでし》は、神子柴を、さながら小規模な「器財庫」であると形容し、道具類の整理・保管のためのデポであったと結論づける。そこには居住施設や調理といった日常的な生活臭があまりなく、日常的な居住遺跡、専門の石器製作遺跡や墳墓遺跡と思われるものとも異なった様相を示しているという。田中はさらにその性格を、地中に埋めた埋納ではなく、オープンスペースへの収蔵であり、しかも複数の道具の収蔵から、「収蔵複合デポ遺跡」と位置づける。

図24●山内清男
神子柴遺跡デポ説を提起した。

交換の場

当該期の「デポの意義」を再検討した栗島義明《よしあき》は、多様な石器からなる神子柴遺跡について、単一種の道具などを集積したり埋めたりした従来のデポとは根本的に様相を異にしていると認識し、地域を異にする石材によって作られた石器を、異なる集団同士が交換した「石器交換の場」と考える。交換・分配といった社会システムの一側面を神子柴があらわしているとみる。

象徴的空間

安斎正人《あんざいまさひと》は、景観考古学＝ランドスケープ・アーケオロジーの視点から、神子柴遺跡の立地が、伊那谷をみおろす孤立丘上の特別な場所にあるとして、狩猟採集民の象徴的空間であるとして重要視する。そのうえで安斎は、神子柴遺跡が祭祀の場であり、分散していた集団の集合地であり、集団間の交換の場でもあって、しかもそれらの諸活動は日常的遊動の年間スケジュールに組み込まれており、それらの痕跡が伊那谷をみおろす孤立丘上の特別な地に象徴的に関連づけられていた、と多義的に解釈するのである。

安斎正人は、栗島の指摘した石器交換の場であるという神子柴遺跡の解釈をとり上げたうえで、仮にそうだとしても、個人的／日常的／経済的な交換の場というより、集団的／非日常的／社会的な交換の場であって、儀礼的行事をともなった象徴的空間であろうと推定するのである。安斎は人類学的な情報から類推し、神子柴遺跡を残した個々人は空間に区切りを入れて命名・分類し、そのうえで空間にさまざまな文化的かつ社会的価値を付与していたと考える。その結果、空間はさまざまな価値をともなうシンボルと化し、社会集団員として共有するコスモロジーを反映した象徴性を帯びるようになっていたとする。

さらに安斎は、神子柴遺跡の立地と景観に注目する。神子柴遺跡に立つと背後には緩やかな斜面の先に木曽谷へと続く権兵衛峠の窪みをはさんで中央アルプスの山々が連なり、前面には遠く眼下の伊那谷の先に南アルプスの連山がみわたせ、広大に開けた展望であるとし、人びとの往来にあってこの孤立丘が格好の目印となったと考えるのである。

以上、さまざまな解釈が入り乱れる状況がおわかりいただけたかと思う。そして、私の考える神子柴遺跡の性格については、他の論争もふまえたうえで、最後に述べてみたい。

2　石材解明の旅

黒曜石の産地を推定する

長野新幹線に乗り込んだ私は、提げていたジュラルミンケースを座席の下にそっと置いた。きわめて丁重に扱われる頑丈なケースの中身は、他の乗客には高価な貴金属とでも思えたのだろうか。しかし実際の中身は、ありきたりな貴金属よりずっと価値のある「黒いダイヤ」で、しかも国重要文化財という折り紙がついていた。東京駅で東海道新幹線に乗り継いで、降り立った駅は三島。すでに車で沼津高専の分析化学者望月明彦《あきひこ》教授が出迎えに来てくれていた。二〇〇六年、一月一一日のことで、「黒いダイヤ」は神子柴遺跡出土の黒曜石製石器二五個、尖頭器一〇点、掻器三点、削器二点、石核九点、剥片一点という内訳であった。

望月教授は、考古学研究者の池谷信之《いけやのぶゆき》とともに、いわば盲点となっていたとり組みから黒曜石の産地分析を実施していた。通常、遺跡からは何百から何千という黒曜石が出土する。したがって、たいていは遺跡から出たいくつかの黒曜石を代表させ、産地分析をおこなうのが通例である。しかし二人は発想を転換させた。いっそのこと遺跡から出土した黒曜石全点を、粘り強く分析してしまおうというのである。

考えてみると、望月が採用していた蛍光X線分析法（ＥＤＸ）は、大量の分析に適していた。試料を分析装置にセットしてしまえば、X線の照射によってわずか四〜五分後に測定結果が出る。あとは各元素のX線強度比率を算出し、データベース上で列島内黒曜石産地と比較すれば、産地がわかる。さらにこの分析法の最大のメリットは、石器を傷つけない非破壊分析であることだった。

望月研究室に入ると、とるものもとりあえず分析装置に神子柴の黒曜石をそっと入れた。分析個数の二五点というのは、神子柴遺跡から出土した黒曜石の全個体である。そのうち、接合して明らかに同一個体となる剝片群一七点はそのうち一点のみ代表して分析した。分析はその日のうちに終了し、私は石器とともに長野へと戻った。あとは望月からの結果報告のメールを待つばかりだった。

二、三日して分析結果が望月から届けられた。予測はしていたが、すべての黒曜石が信州産で、栃木県の高原山《たかはらやま》や、箱根、神津島《こうづしま》などの信州以外のものは含まれていなかった。また、信州の黒曜石産地のなかでも星ヶ台《ほしがだい》や和田峠・男女倉《おめぐら》・鷹山《たかやま》などからなる和田峠産地群のものがすべてで、麦草《むぎくさ》峠・冷山《つめたやま》・双《ふた》子《ご》池《いけ》などからなる八ヶ岳産地群の黒曜石は含まれていなかった。ちなみに八ヶ岳産地群の黒曜石は、気泡が入っていてやや質が落ち、大きいサイズの少ない傾向から、利用されなかったのだろうか。細かくみると、和田峠産地群の内訳は、諏訪エリアの星ヶ台の黒曜石が一七点で全体の約六八パーセント、残りが和田エリアで鷹山が六点（二四パーセント）、土屋橋《つちやばし》北が一点

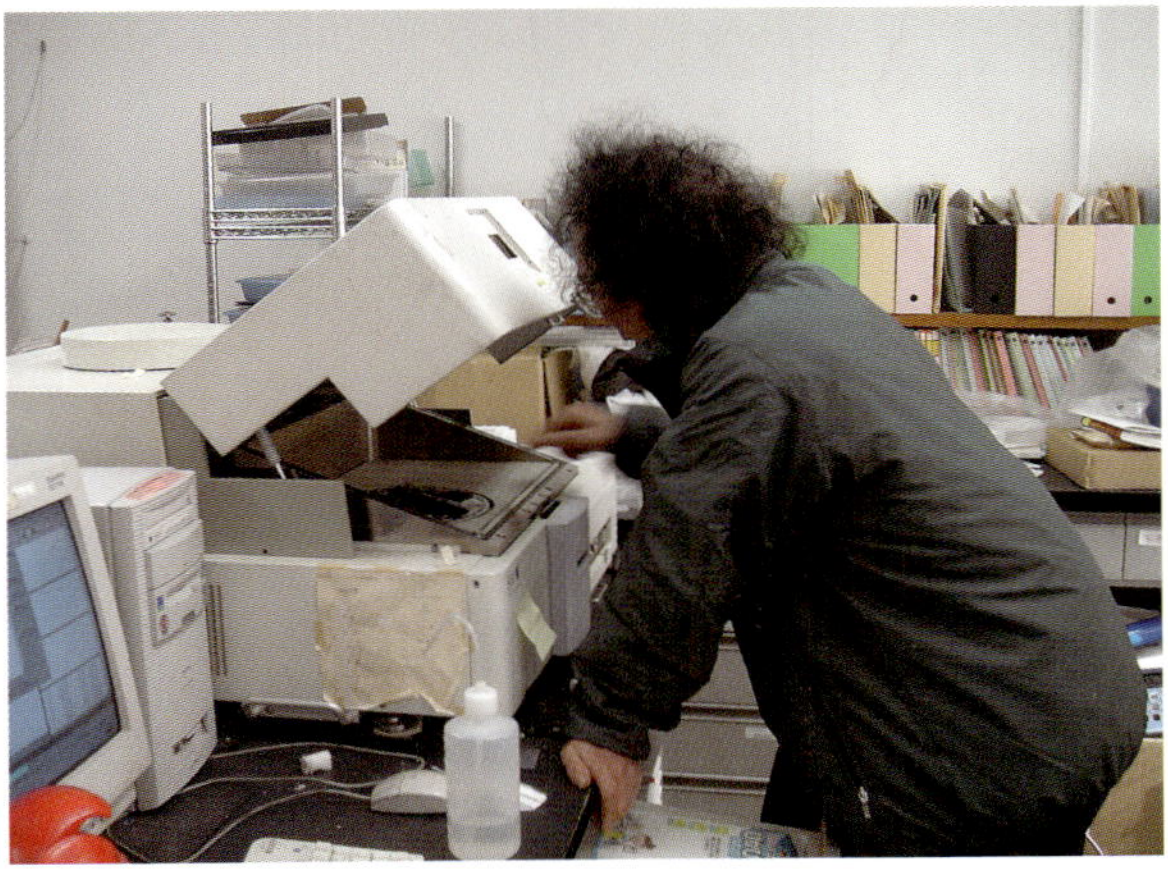

図25 ● **蛍光X線分析による黒曜石産地推定**
神子柴遺跡の黒曜石石器を分析する望月明彦。

（四パーセント）、土屋橋南が一点（四パーセント）となった。また、二五センチの全長のある神子柴遺跡最大の尖頭器ともう一つの尖頭器は、下呂石との推定結果が出た。

神子柴遺跡に持ち込まれた黒曜石の大きな特徴は、バラバラになった黒曜石の一群を除くと、どれも質が良くて大型である、という点である。今日、和田峠産地群を丹念に踏査しても一〇センチを超すような大型で良質な黒曜石を採取できることはまずない。しかし神子柴では二五点中、一三点が一〇センチ超の良質な黒曜石であった。おそらく当時にしても、かなり選りすぐられた石であったのだろう。また、その原石には角があり、原石面をみるとスリ硝子のようなザラついた質感で、露頭、すなわち黒曜石が生成した地層断面から転げ落ちたばかりの原石が利用されたものと考えられる。

下呂石の旅

カーナビに「下呂市乗政《のりまさ》」とセットし、下呂石の産地である湯ヶ峰のふもと乗政地区へと向かう。二〇一一年一一月一二日、諏訪湖畔から中央道に乗り伊那インター手前に来ると、車窓

図 26 ● 和田峠黒曜石産地群
諏訪湖に臨むこの信州の山々に黒曜石が眠っている。

には神子柴遺跡などを乗せる天竜川の段丘群が流れる。今回は神子柴をさらに通り過ぎて、長い恵那山トンネルを抜けると、「中津川インターで降りよ」とナビの指示、しばらく川沿いを運転して、やがて車は乗政へとたどり着いた。

さしずめ今ならナビゲーションシステム、いや正確にはGPSというべきだろうか、便利な装置が迷うことなく目的地まで案内してくれる。しかし、地図帳すらない石器時代、資源産地の地理的情報は人びとの頭のなかにしっかりと刻まれ、次世代にも伝えられていたにちがいない。むろん彼らは徒歩以外に手段をもたなかった。ちなみに下呂から神子柴までは、約六〇キロの直線距離がある。

ただ自分自身は、車を降りてからが問題だった。カーナビでは下呂石が産出するピンポイントな場所までを、むろん特定しうるはずがない。下呂市教育委員会の馬場伸一郎《しんいちろう》学芸員に聞いた情報をもとに、いくつもの沢をたどり、ようやく下呂石のある沢を探し当てた。

みると牛ほどの大きさがある巨大な下呂石が鎮座しているではないか。まわりには人頭大の下呂石もごろごろとある。これなら二五センチの尖頭器を作る原材料が得られる。私は手ごろな川原石を拾って、

図27 ● 下呂石産地の岐阜県湯ヶ峰周辺
沢沿いに巨大な下呂石が顔をのぞかせる。

下呂石にたたきつけてみた。金属音に近い音がして、割れ口には下呂石特有なにぶい鼠色の地肌がみえた。

湯ヶ峰の南では、下呂石の大型尖頭器の製作址である大林遺跡C地点が、飛騨考古学会の吉《よし》朝則富《あさのりとみ》らによって一九九八年三月に発見されている。神子柴の尖頭器は、湯ヶ峰周辺のおそらく大林遺跡C地点のような遺跡で製作されたものが、遺跡に持ち運ばれたと考えられる。

さて、その日私は、下呂市民会館で講演を頼まれており、考えあぐねた結果「旅する下呂石、恋する黒曜石」という少し滑稽な演題をつけた。もちろん石には足がないので自ら旅するはずがないし、ましてや感情などない。石を旅させたのは紛れもなく人間であり、素晴らしく切れ味のいい石に惚れ込んだのもまた人間である。聞きに来られた方に、この点をわかってほしかった。講演を無事終えて会場を後にする時、私は車の異変に気付いた。みると前輪が切り裂かれてパンクしているのである。おそらく下呂石の散布する林道で切れたにちがいなかった。この日は、下呂石の切れ味を身をもって知った日にもなった。

どんな石が使われたか

象牙色の美しい黄白色の石が、神子柴の尖頭器のなかにいくつか存在した。それはヨーロッパの旧石器によく用いられる燧石《フリント》に似た石であることから、当初「フリント」と愛称された。フリントは堆積岩の一種で、打ち割ると鋭い割れ口をみせ、石器に最適な石材である。それまでみたこともないような美しいその石をフリントと呼んだ林の心情はよくわかる。

黒曜石や下呂石、フリントに似た美しい石、そして石斧になった重厚感あふれる石材、神子柴の石器群を構成する石器の正確な石材鑑定が求められた。その重要な仕事に着手したのは、野尻湖ナウマンゾウ博物館の学芸員中村由克であった。

　中村はまず、神子柴の石器一点一点を顕微鏡で観察し、その岩石名を特定する作業をおこなった。結果、石器の石材には、黒曜石、下呂石、黒雲母粘板岩、砂岩、緑色岩、凝灰岩、玉髄、珪質頁岩、凝灰質頁岩、凝灰岩、碧玉《へきぎょく》、安山岩などが使用されていることがわかった。

　次に中村が起こしたアクショ

図 28 ● **神子柴遺跡に運ばれた石器石材**
新潟以北からは珪質頁岩・玉髄・碧玉、岐阜からは下呂石、
信州では黒曜石が石器として持ち込まれた。

ンは、神子柴遺跡のある伊那谷から新潟県域にまでおよぶ広大な地域を自らの足で踏査し、神子柴で使われている石器の石材が、どこで産出するか突き止めるというきめ細かい研究である。その調査には五年という膨大な時間が費やされた。その結果、蛍光X線分析で信州産と推定された黒曜石を含め、神子柴で使われている石器の石材はおおよそ次の地域からもたらされていることが判明したのである（前頁図28）。

〔信州系〕黒曜石（和田峠産地群）
〔岐阜系〕下呂石
〔新潟系〕珪質頁岩　凝灰質頁岩　凝灰岩　玉髄　碧玉（鉄石英）
〔在地系〕黒雲母粘板岩　砂岩　緑色岩（苦鉄質火山岩）安山岩

神子柴でもっとも大きい二五センチの尖頭器（No.18）は、じつのところ「下呂石」製であるという認識が従来なされてこなかった。国重要文化財の指定書にも玻璃質《はりしつ》安山岩と説明されている。この石が下呂石であることを最初に指摘したのは中村だった。No.21の尖頭器も下呂石と鑑定された。つごう二点の下呂石が神子柴にもたらされていた。また望月による蛍光X線分析でも、二点が下呂石であることが裏づけられた。

フリントと愛称された黄白色の石材は、堆積岩起源の玉髄と鑑定され、新潟県の中・下越地方に産出する石材であることがわかった。ただ神子柴の一七センチの尖頭器のように、一〇センチを超える大型の玉髄はきわめて稀であり、限られた場所で産出するとても貴重な石材であったと中村は述べる。

ベージュ色の珪質頁岩は、東北地方の旧石器や縄文石器に多用される石材で、新潟県の七谷《ななたに》層や山形県の草薙《くさなぎ》層などで産出する石材である。

一方、石斧の多くは、黒雲母粘板岩・砂岩・緑色岩など在地系、つまり地元産の石材を用いていることがわかった。これらの三者の石は、伊那付近の領家《りょうけたい》帯と呼ばれる石材地帯に産出するもので、重量のある石器の素材が遺跡近辺にあるということは、重量と距離に比例する運搬コストとも矛盾しない。また、これらの石材は、板状に割れる特徴があり、細長い石斧の素材に向いているという。中村が綿密な石材調査から下した結論はこうだ。

「神子柴遺跡の成立は石斧の石材獲得と密接にかかわっている」

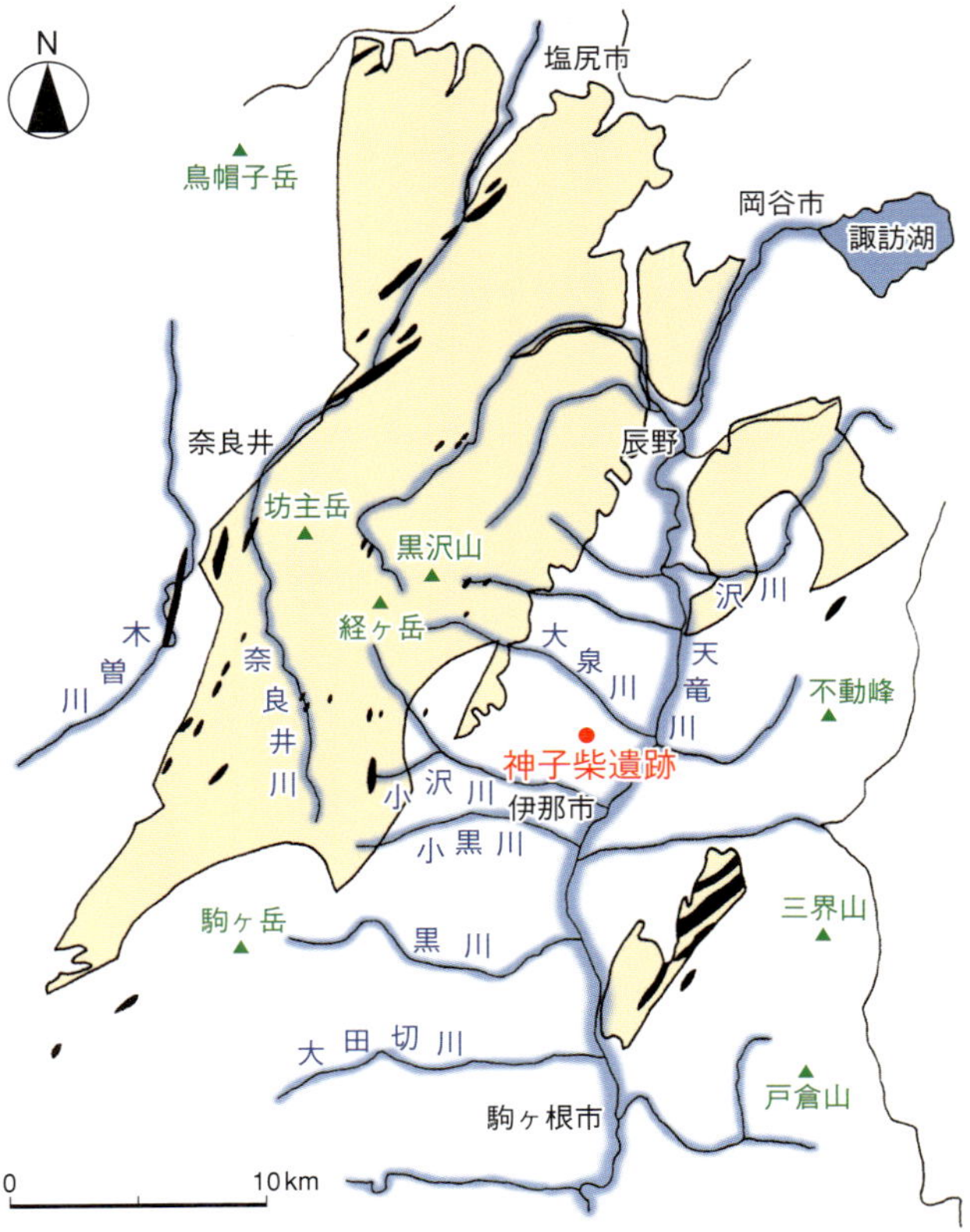

図 29 ● 石斧石材となった領家変成岩「黒雲母帯」
クリーム色が「黒雲母帯」で、黒色はその中の緑色岩の分布。神子柴の南、小沢川流域でも礫として供給され、採取可能とみられる。

3　どのように作られ、はたして使われたのか

神子柴の石器はどのように作られたのか

人類が製作した最古の石器が、アフリカ・エチオピアのゴナ遺跡でみつかっている。二六〇万年前ともされるもので、礫の一部を打ち割った礫器と呼ばれるシンプルな石器である。二〇一〇年、同じエチオピアのアファール地方の約三四〇万年前の地層から、石器のキズ痕の残る大型ほ乳類の骨の化石を発見したとする論文が英科学誌『ネイチャー』に発表され、人類の石器利用の起源が、さらに約八〇万年もさかのぼる可能性が示された。しかしそこでは、石器そのものが発見されたわけではないため、その真偽のほどはどうにも定かではない。

いずれにせよ人類は二〇〇万年を超える悠久な時間のなかで石器を作りつづけてきたことになる。そうした製作技術の結晶が、神子柴遺跡の石器にもみてとれる。

石器には、自然石に手を加えず、そのまま利用するものもあるが、多くは打ち割る、磨く、押し剝がすなどの加工が加えられ道具として成立している。神子柴遺跡の石器にはどのような製作技術の痕跡が残されているのだろうか。

神子柴のいわば主役である尖頭器と石斧の製作法については、実験考古学研究を続けている大場正善《まさよし》に観察してもらった。大場によれば、石器に残された剝離痕（加工痕）と石器実験製作の比較から、尖頭器ついては、表面にみられる剝離痕が幅の広い割れの始まりと平坦な割れの広がりをしており、鹿角《ろっかく》製ハンマーを石材に打ち当てる直接打撃法によって製作された可能

性があるという。
一方、石斧のような粗粒で硬い石材は、鹿角製ハンマーなどで打ち割るのが困難で、その表面にみられる顕著にくぼんだ剥離痕は、石製ハンマーの直接打撃による可能性があるようだ。その打撃にはNo.51のような円礫のハンマーが使用されたのかもしれない。石斧は、石製ハンマーの直接打撃によって細かく形状が整えられたのち、No.54のような細長い手持ち砥石で刃部が研磨され、局部磨製石斧として仕上げられ

尖頭器

鹿角製ハンマーによる直接打撃実験で打ち割った剥離面の状況（使用石材は下呂石）。

石斧

石製ハンマーによる直接打撃実験で打ち割った剥離面の状況（使用石材は凝灰岩）。

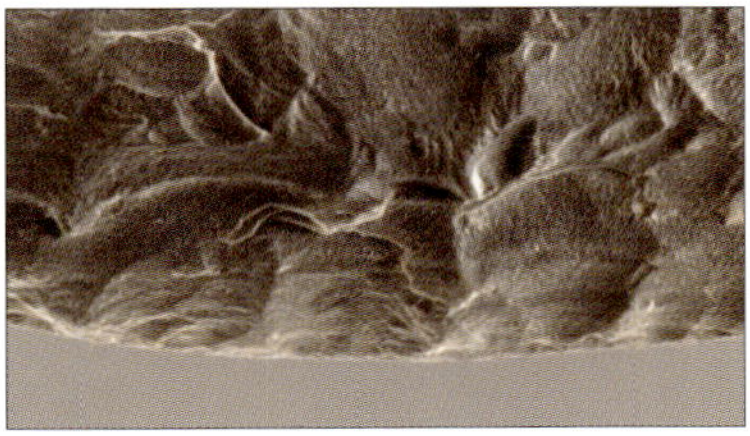
尖頭器 No.18 の拡大写真。不規則に並ぶ平坦な剥離面は、鹿角製ハンマーによる直接打撃の特徴。

局部磨製石斧 No.3 の拡大写真。粗粒の石材は、鹿角製ハンマーで割ることが難しい。

推定される尖頭器作りの動作。

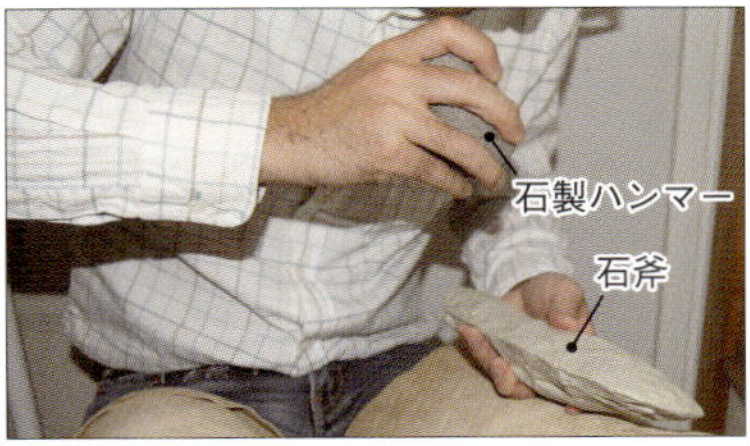

推定される石斧作りの動作。

図30 ● 石斧・尖頭器の製作の身ぶりと石器に残る剥離痕
実験製作と観察・記載は大場正善による。

たものと考えられる。

神子柴石器群の後に多用される有茎《ゆうけい》尖頭器には、押圧剥離《おうあつはくり》といって、棒状の鹿角など工具の先を石器に当てて、圧力をかけて剝片を押し剝がす製作技術が認められる。押圧剝離では、直接打撃に比べて、打点の位置を制御すること、薄く剝がせること、精緻な加工を容易にすることができる。押圧剝離による剝離痕のひとつとして、剝離開始部が規則的に配置された並行細長剝離痕が残される。しかし神子柴の尖頭器の剝離痕を観察するかぎり、規則的な並行細長剝離痕は認められず、押圧剝離手法は用いられていない可能性がある。

従来、No.44・45の石器の素材となっているような縦長で整った石刃と呼ばれる素材を剝がすには、パンチ打法といって角などのタガネを用い、ピンポイントに打撃点を設定して石刃を打ち剝がす間接打法が有効とされてきた。しかし軟石や鹿角などのハンマーによる直接打法でも石刃の剝離ができる。ただしそれぞれの打法で剝離した石刃は、残される痕跡や形も異なっている。神子柴遺跡の石刃製作でどのような打法がとられたか、いまだ検討課題が残されている。

なお、神子柴遺跡には、例のバラバラになった黒曜石塊を除くと、こうした尖頭器や石斧などの打ち割りで生じた石屑は一点も残されていない。このことは、神子柴の石器のほとんどすべてが、この場所で打ち割られたものでなく、製品として持ち込まれたことを示している。

また、神子柴の石器の石材には、在地の領家帯の石斧石材以外に、新潟周辺の玉髄や珪質頁岩、和田峠周辺の黒曜石、岐阜の下呂石、さまざまな地域の石材がみられた。おそらくそれは、それぞれの産地で異なる製作者によって作られた製品が、神子柴に持ち込まれたことを示しているのだと私は考える。神子柴遺跡にいた集団は、敲石や砥石など加工具の存在からも領家帯の在地石材での石斧製作には関与したかもしれない。しかし、新潟周辺の玉髄や珪質頁岩、岐阜の下呂石など遠隔地石材を用いた石器製作には関与していなかったのではないだろうか。

使用痕から石器の機能を探る

道具は、進化に次ぐ進化を重ねてきた。グラハム・ベルが発明した電話は、やがては各家庭に備えつけられ、さらにはコードレスホンが登場した。当時は、個々人が持ち歩く携帯電話がこれほどまでに急速に普及しようとは予想もしなかったが、いまやパーソナルな携帯は、通話機能という限定性をはるかに超えた小型のコンピュータである。

石斧、尖頭器、掻器、削器……。神子柴遺跡の石器は、道具の悠久の進化・発展過程のなかで、いったいどのように位置づけられるのだろうか。手始めに神子柴遺跡の石器の使い道、考古学ではこれを「機能」と呼ぶが、石器の機能に関する問題を考えてみることにしたい。

家にある工具箱をのぞいてみよう。ドライバー、ペンチ、ハンマーなど工具一式が入っている。神子柴遺跡の石斧、尖頭器、掻器、削器、敲石といった石器のバラエティも、そうした工具類一式、つまり日常の必要性で生じるトゥール・キットなのだろうか？

あまりに立派すぎる神子柴の石斧や尖頭器については、実用品でなく、非日常的な象徴品だとする意見も根強い。はたして神子柴の石器は、道具としての機能を発揮したのか。

たとえば手元にあるカッターナイフは、何度か使っているうちに刃がこぼれ、切れ味がにぶる。同様に、使用された石器の刃もこぼれている。それを顕微鏡で観察し、石器がどのように使われたかということを探る分析に使用痕研究がある。

もし神子柴の石器がシンボリックな存在で未使用品であったなら、繰り返す使用による刃こぼれなどはついていないはずである。私は、実用品か非実用品かという区別はともかく、神子柴の石器があまりに立派なことから、仮に実用品だとしても、刃こぼれや欠損の生じる以前の未使用時のものではないかと想定していた。そこで使用痕分析によって、石器が使われたかをみてみることにした。

使われていた尖頭器、使われていなかった斧

神子柴の石器をそっと顕微鏡のステージに載せ、ピントを合わせる。いくつかの石器をみおえて、黒曜石の尖頭器のエッヂに焦点を合わせ

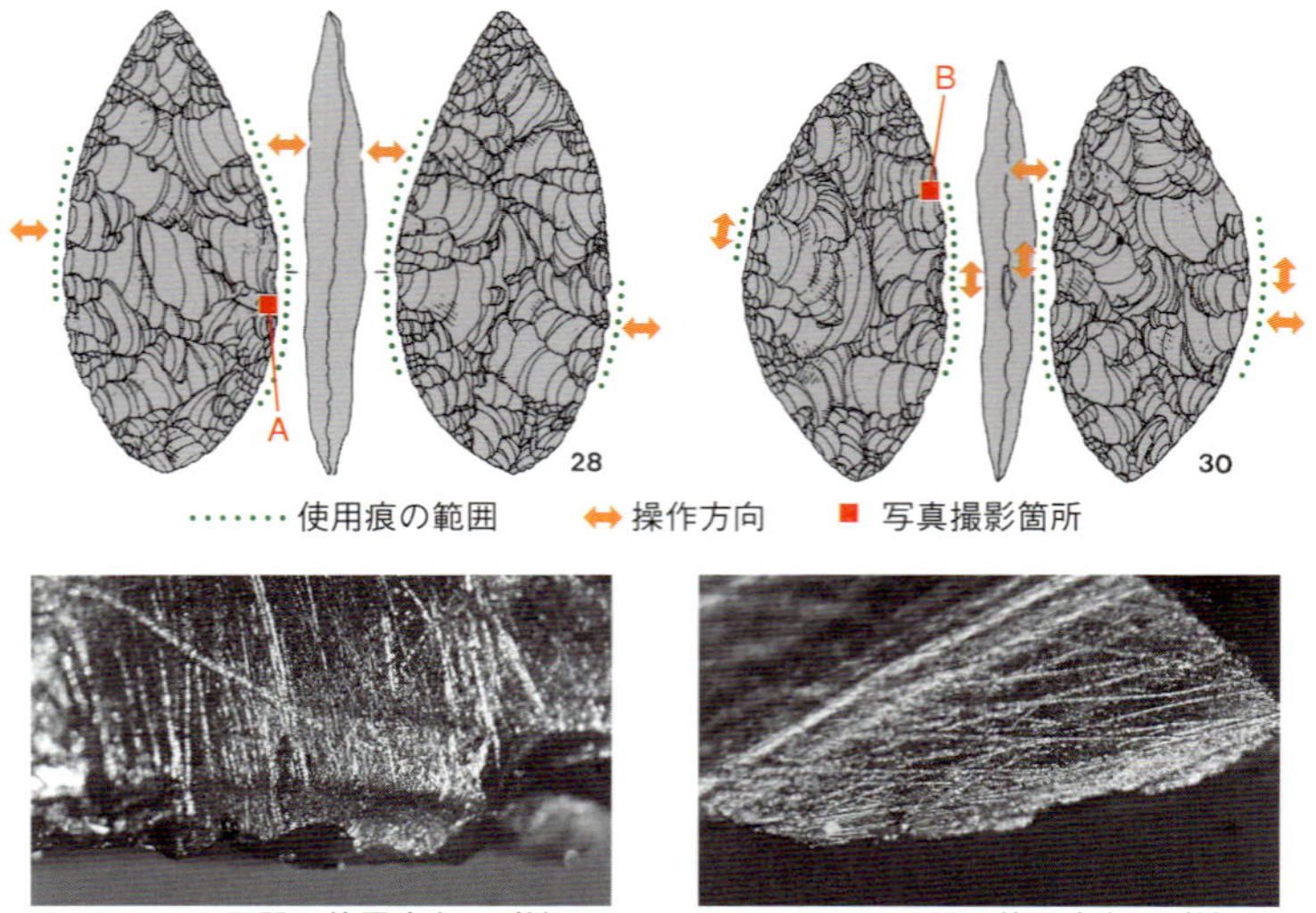

A：28 の石器の使用痕（100 倍）　B：30 の石器の使用痕（100 倍）

図 31 ● 尖頭器の使用痕
No.28 では写真 A に刃に直交する線状のキズが、No.30 では写真 B に刃に並行する線状のキズが観察された。これらの尖頭器は「突き刺す」石槍ではなく、ナイフのように「切る」作業に使われたものとみられる。

たところ、意外にも無数の線状のキズが目に飛び込んできた。

そうしたキズは、七点の黒曜石製尖頭器についていた。そのキズをもとに尖頭器の使用法を復元すると、いずれもモノを切ったり、削ったりすることに使われていたことがわかった。また、掻器とされた黒曜石製石器一点にも激しいキズがあり、切削の作業に使われていた。神子柴の石器の中には明らかに使われたものが含まれていたのだ。

尖頭器は狩猟用の石槍であるという従来のイメージも崩れた。少なくとも使用痕がみつかったものに関しては、尖頭器は槍先ではなく、ナイフとして使われていたことを示していた。これらの尖頭器は、神子柴遺跡に関与した人びとの暮らしの様子を物語る確かな証拠である。

しかし、黒曜石以外の大型の尖頭器には、使用痕は認められなかった。黒曜石の尖頭器の一部がナイフに使用されたからといって、黒曜石以外の大型の尖頭器が同様に使われたとは限らない。すべてがナイフであるなら、狩猟用の槍先は存在しなくなってしまう。おそらく、槍として使われるものもあったのだろう。

尖頭器に続き、大型の局部磨製石斧を観察した。

大型の局部磨製石斧の刃はきわめてシャープで、刃こぼれはみられなかった。現時点では、実際に使われていないものと思われた。一方、顕微鏡レベルではかえってわからなかったが、小型の局部磨製石斧の一点を肉眼で観察すると、刃が使用によるダメージを受けて折れ、再び刃つ

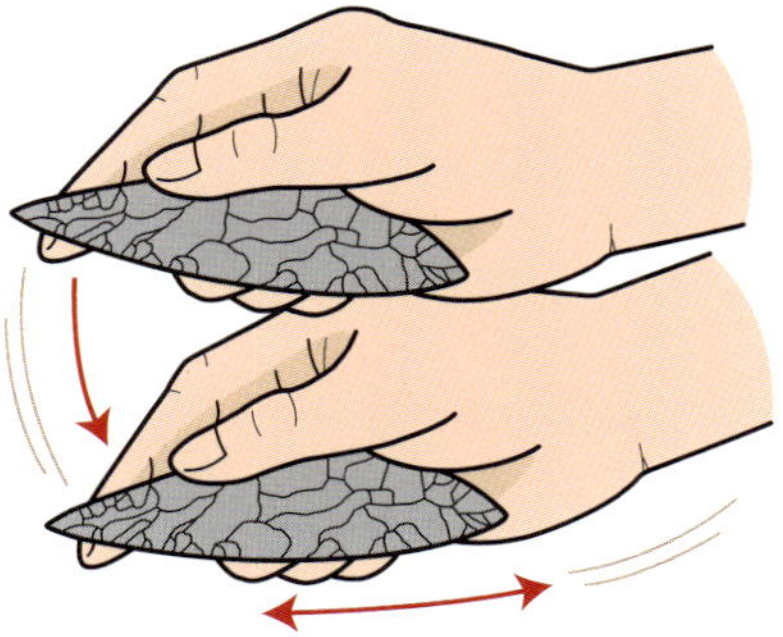

図32 ●使用痕から推定される尖頭器の使用法
ナイフのように使われたらしい。

けがなされたものがあった（№9）。小型の斧は使われたものと考えられる。用途は判断できなかったが、激しいダメージからすると木材の伐採・加工などのハードワークだろうか。

一方、打製石斧をみると、全体の大きさは局部磨製石斧より若干大きい傾向があり、その刃部のラインは蛇行し、シャープではなく、使用痕もなかった。つまり打製石斧は刃を研ぎだす前のものであろう。佐原眞《さはらまこと》によれば、磨きあげた斧の刃は、打製石斧の刃より対象に深く入り込み強固で、はるかに打撃力に耐え、一方、打製石斧の刃は折れやすく割れやすいという。

石斧についての観察結果から以下の見通しを得た。

第一に、打製石斧は、刃を研ぎだす前の未完成品であると考えられた。このことは、むろん使用されていないことを示す。第二に、大型の局部磨製石斧は、実用か非実用品かの判断は別として、刃こぼれがなくシャープなエッヂを残す未使用品であるものと考えられた。第三に、小型の局部磨製石斧には明らかに使われたものがある、ということである。

もちろんこうした斧も、柄につかないと機能を発揮できな

図 34 ● **神子柴の石斧刃部**
打製石斧の刃（左）と磨製石斧の刃（右）。
砥ぐことで刃のラインがシャープになった。

図 33 ● **折れた局部磨製石斧**
ダメージで刃が折れ、再び
刃つけしたもの（№9）。

い。斧には、たとえば民族例にみるように横斧、縦横中間斧、縦斧の三種がある。

神子柴のような断面がカマボコ形となる斧は、柄に対して直交するように付ける横斧と通常説明される。一方、断面がレンズ状のものはマサカリのような縦斧になる。木を切る場合、横斧は頭上にかかげ振り下ろす身振りとなるが、縦斧はより低い位置でバットを振り下ろすようにスイングする身振りとなる。

ただし、田中清文の実験によれば、神子柴タイプの斧でも、丸くくり抜いた柄にマサカリのように縦斧としてつけ、横方向にスイングしても、立木の伐採作業は十分可能であるという。したがって、神子柴タイプの斧が縦斧であった可能性も捨てきれない。

なお、首都大学東京の山田昌久《まさひさ》らチームの伐採実験結果では、より太い木ほど横斧の振り下ろしによる伐採効率が劣る結果が出されていて興味深い。伐採にかかわる動作は、高い位置からの振り下ろしより、横方向のスイングのほうがより効率的なのであろう。

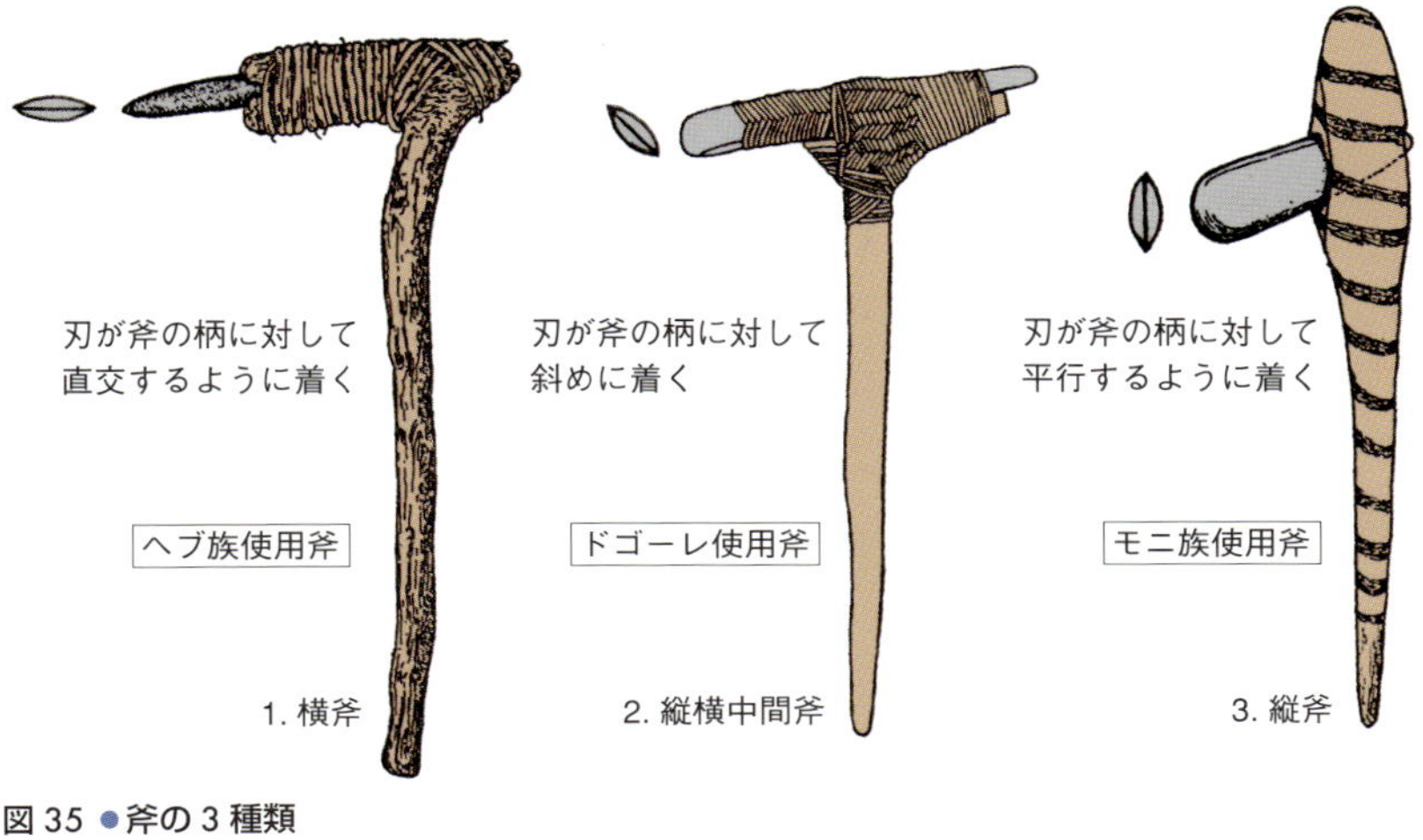

図35 ●斧の3種類

第3章　神子柴文化を追う

1　探求者たち

森嶋稔の追跡

神子柴に魅了されたもう一人の男がいた。

森嶋稔。林より七歳若いが、同じ長野県下の小学校教諭を勤め、日々子どもたちの成長をみつめるかたわら、神子柴の斧と槍を生涯追いつづけた在野の旧石器考古学者であった。森嶋は、若いころは俳優の北大路欣也似の美男で、年を増すにつれ体重が増加し、やがて一〇〇キロをゆうに超す体躯となって一度会った者の脳裏に焼きついた。

森嶋は、神子柴遺跡の最初の発掘からちょうど一〇年目にあたる一九六八年、長野県上田市の菅平《すがだいら》高原で、唐沢《からさわ》B遺跡の発掘調査を敢行した。スノーリゾートとしてよく知られる菅平にある唐沢Bは、一二六〇メートルの高標高地点に位置する。すでに唐沢B遺跡では、重量感のある石斧などが地主によって採取されており、地中での存在に森嶋は確信を抱いていた。

その脳裏には、大型の尖頭器と重量感のある局部磨製石斧の組み合わせからなるきわめて個性の強い石器群が「神子柴系文化」として、シベリア—サハリン—日本列島を結んで旧石器時代の終末を彩るという壮大な思いが描かれていた。実際、そのルーツを求めてシベリアに飛んだこともあった。そしてその石器を「神子柴型尖頭器」や「神子柴型石斧」と命名したのも森嶋自身だった。だからなんとしても自らの手で掘りたかったのである。また、このころ菅平では別荘開発が進み、その建設による破壊以前に、遺跡の詳細を明らかにしておく必要もあった。

森嶋は、大学の研究室も顔負けの「千曲《ちくまがわ》川水系古代文化研究所」を組織し、そこには出身大学の垣根を越えて教員や自治体の文化財担当者など若い地域研究者たちが集った。私も、森嶋のもとに通い詰めた経験がある。考古学のみならず、西脇順三郎などの詩文を愛し、民芸にものめり込んだ森嶋は、しばしば魅力的な言葉を吐いた。

「忙しい時ほどいい仕事ができる」

森嶋は口癖のように言っていた。確かにしっくりとくる言葉で、暇な時ほど気が緩んでしまい、むしろ限られた時間の緊張感のなかに身を置いてこそ、仕事の完成度も高

図36●森嶋稔
ともに神子柴文化を追った愛弟子の森山公一（右：故人）と旧石器を観察する。

まってくるというものだ。また、「前向きなんか生ぬるい。前のめりに生きろ」とも言って若い研究者を鼓舞した。だから森嶋は、猛牛のように遺跡を調査し、神子柴文化の研究論文を生み出しつづけた。唐沢Bの発掘は、そうした森嶋の姿勢をまさに体現したものとなったのである。

神子柴につづく快挙

八月半ばの盆休みを利用しておこなわれた発掘では、径三メートルの石器集中地点と、炉一基、土坑《どこう》と呼ばれる穴六基が唐沢B遺跡から発見された。森嶋の目論見どおり、石器は、すでに地表で採集されていたものも含め、局部磨製石斧五点、打製石斧六点、尖頭器五点、掻器一点、削器四点、石刃一点、剥片一一点、砥石二点、礫一点の計三六点となった。

径三メートルの石器集中地点では、石斧は北半のみに分布した。南半には、石斧はみられず、尖頭器・掻器・石刃・剥片・砥石などが分布、その対置性が際立っていた。

唐沢Bと神子柴は、多くの共通点をみせ、当該期の研究者としてよく知られた田中英司にい

図37 ● 本節に登場する信州の神子柴文化遺跡

わせるなら「同一集団によって設けられた」とするほど酷似する。確かに両遺跡の残され方は、完成された立派な石器ばかりが多数残される点、石斧とその他の石器が狭い範囲にあたかも並べたように出土する点において共通した。

両遺跡の石器についてみると、石斧などは、その大きさといい製作テクニックといい、まさにうり二つで、同じ技術者が作ったのではないかと思われるほどであった。また、キュウリ状の細長い砥石の存在も共通する。尖頭器や掻器などの石器の素材に、新潟以北で採れるベージュ色の珪質頁岩が用いられている点も同様であった。さらに、石斧と尖頭器が対置的な分布をみせることも、二つの遺跡では似かよっていた。

その一方で、唐沢Ｂの道具立てが神子柴遺跡と異なるのは、唐沢Ｂが石斧に比重を置いた石器組成をみせ、神子柴のように尖頭器・掻器・削器類がたくさん存在せず、石核がみられない点にあった。こう

図 38 ● 唐沢 B 遺跡の発掘風景
長野県上田市菅平高原。1968 年 8 月の調査。神子柴から 10 年後の発掘。

した違いは、双方の人びとが所持していた道具の組み合わせが根本的に異なっていたか、あるいは両遺跡への石器類の持ち込み数と持ち出し数の引き算の違いから生じた現象だと考えられる。

また、唐沢Bには、神子柴のように黒曜石の石器がみられない点も異なっていた。おそらく、唐沢Bは、北あるいは東からの人びとの移動の過程にあって、黒曜石産地を通過する以前のルートにあたっていたのだろう。

最大の神子柴型石斧をもつ宮ノ入

長野市松代《まつしろ》、積石塚《いしづみづか》でよく知られた大室《おおむろ》古墳群をぬけた緩斜面の小さな平坦地で、植林作業の際、石斧五点が発見された。宮《みや》ノ《の》入《いり》と名づけられたこの遺跡では、唐沢Bで尖頭器や掻器などが出土したのとは対照的に、石斧以外の石器は発見されなかった。デポかどうかの議論はさておいても、五本の石斧がまとめて置かれたか、埋められていたに間違いない。

この石器もやはり森嶋稔の目にとまることになったが、

図39 ●唐沢B遺跡の神子柴型石斧
重厚感のある局部磨製石斧（右３点）と打製石斧。現在、長野県宝。

その報告によれば、石斧は、約一三センチのものが一点、一四センチのものが一点、一六センチのものが二点あり、いずれも頁岩製で、刃の先端がわずかに磨かれてあるらしいが、筆者は実際には観察していない。残る一点は現在、長野市立博物館に展示されており、ずば抜けて大きく、長さ三二センチ、刃先がわずかに磨かれており、福井県鳴鹿《なるか》山鹿《さんか》遺跡の三四センチの局部磨製石斧と肩を並べ、日本列島の神子柴型石斧のなかで最長のものである。

こうした巨大さはいったい何を意味するのか。

下村修による小鍛治原の発見

一九六六年、長野県駒ケ根市赤穂中学校の生徒であった下村修《おさむ》は、友だち二人と自宅近くの台地に土器拾いに来ていた。

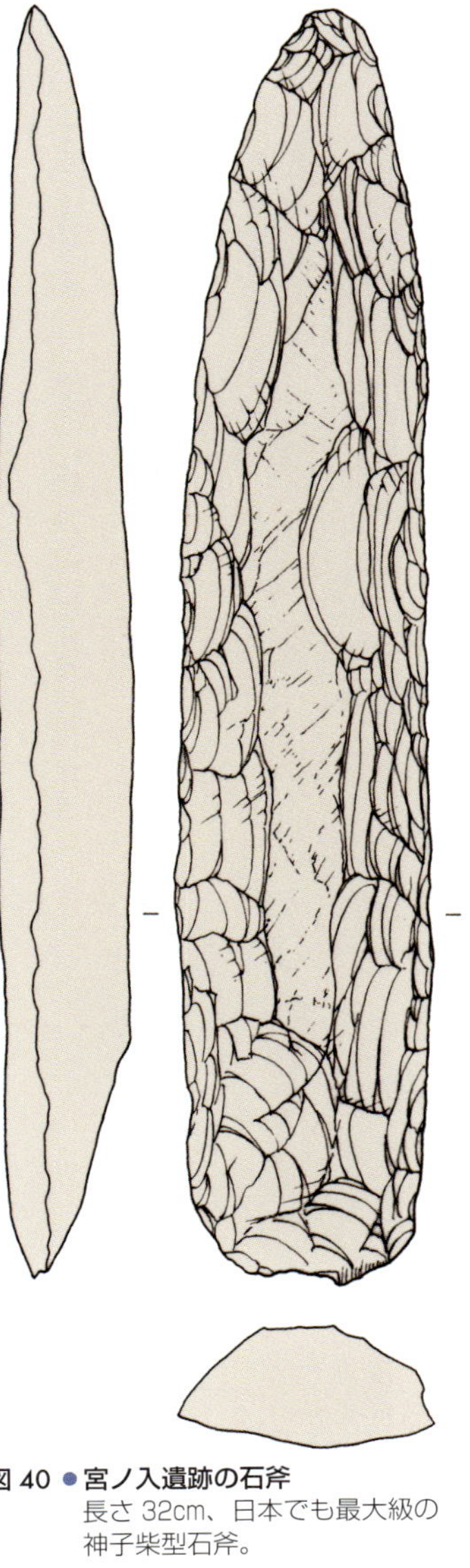

図40 ● 宮ノ入遺跡の石斧
長さ32cm、日本でも最大級の神子柴型石斧。

その台地は、神子柴から天竜川をさらに二〇キロほど下った小鍛冶原《こかじはら》といわれる場所である。当時の伊那谷はまだ養蚕がさかんで、小鍛冶原にも桑畑がみられた。その桑が抜かれた畝に、黒々と光る尖頭器が何点か重なっているのが下村の目にとまった。結局、発見された石器は全部で九点、黒曜石の尖頭器八点と珪質頁岩の石刃一点である。

小鍛冶原での発見の感動がおそらく少年の心に灯をともしたのだろう。中学生だった下村はそれから七年後、西の考古学の雄、京都の同志社大学へと進学して本格的にこの学問を学びはじめた。同志社大学旧石器文化談話会の機関誌『プレリュード』には「長野県駒ケ根市発見の石器について」という下村の小鍛冶原の報告が掲載された。

しかし残念なことにその雑誌には「下村修君追悼号」とサブタイトルがつけられることになった。下村が二回生の夏、長崎の五島列島で海水浴中に心臓麻痺を起し、二〇歳という若さで帰らぬ人となったため、その遺稿として掲載されたのである。

二〇〇七年、私が下村家を訪ねると、八〇歳をすぎた母親が桐箱に納めた小鍛冶原の石器を、小さなその手で大事そうに抱えてきた。夭折した息子の分身として石器を保管しつづける母の心を垣間みたようで、どうにも切ない気持ちになった。

さて、小鍛冶原遺跡の尖頭器は先端の尖らないものが多く、私が顕微鏡で観察してみても突き刺したような使用痕はみあたらなかった。神子柴遺跡の黒曜石の尖頭器と同様、削り具など

図 41 ● 下村修
同志社大学で旧石器考古学を学ぶも、1974 年、20 歳の若さで帰らぬ人となった。

として使用されたかもしれない。あるいは未完成品だろうか。また、小鍛冶原では神子柴遺跡のような石斧は発見されず、尖頭器に偏った構成であることが注意される。

黒曜石製の八点は望月明彦による産地分析の結果、すべて諏訪星ヶ台群のものであることがわかった。八ヶ岳の黒曜石が含まれていないことは神子柴と同様である。また石刃の石材である珪質頁岩は、おそらくその質感からして東北産とみられる。

尖頭器製作アトリエ

黄褐色のローム層の上には、おびただしい数の石片が散らばっていた。長野県と群馬県境にそびえる八風山《はっぷうさん》、その長野県側にあたる佐久市香坂川《こうさかがわ》流域で、オートキャンプ場の開発にともなって一九九四年に発掘調査がおこなわれた八風山Ⅵ遺跡の、川原に面した地点でのことである。

ここは、打ち割ると黒々とシャープなエッヂをみせるガラス質黒色安山岩の産地で、香坂川と周囲の小河川のなかに、大量のガラス質黒色安山岩の原石が含まれていた。神子柴のころの人びとはこの川原

図42 ● 小鍛冶原遺跡の石器
諏訪星ヶ台群の黒曜石の尖頭器と、東北産と思われる珪質頁岩の石刃。
写真の石器以外にもう１点、黒曜石の尖頭器がある。

にやってきて、尖頭器を製作したのである。

石器の製作でこの遺跡に残された石のかけらは四万点あまり。発掘担当者の須藤隆司《すとうたかし》は、気の遠くなるような抽出作業と接合とを繰り返し、二二二点の石片を打ち割られた順番に接合し、三三センチの原石に復元した。そのいわば二二二ピースの立体ジグソーパズルには、不思議なことにふたつの尖頭器の空洞がみられた。このことは、ここに残されたのは不要な石クズばかりで、肝心な完成品の尖頭器のみがどこかに持ち運ばれたことを意味する。

ここからは、製作にともなう大量の石クズを残す八風山Ⅵのような尖頭器製作アトリエと、完成品しか出土せず石器製作の痕跡のない神子柴のような遺跡の〝製作―搬出―搬入〟といった関係性がみえてくるのである。

小鍛冶原遺跡で発見された尖頭器八点もまた、

図 43 ● 八風山Ⅵ遺跡の尖頭器製作跡と原石に戻った 222 点の剥片
尖頭器製作で生じた無数の剥片が散らばっている。右上の写真は、尖頭器製作で生じた 222 点の剥片が接合し復元された原石。ただし、肝心な尖頭器は他所に持ち出され、このなかには戻らなかった（左右 33㎝）。

諏訪星ヶ台周辺の尖頭器製作アトリエで製品化された搬入品であろう。八風山Ⅵ遺跡と同様、山形県日向《ひなた》洞窟では珪質頁岩を、東京都前田耕地遺跡ではチャートを用いた尖頭器製作跡が発見され、この時期の石器製作とその製品の搬出のあり方を物語っている。

2　時代を探る

最古の土器をともなった神子柴型石斧

本州最北端、青森県大平山元《おおだいやまもと》Ⅰ遺跡でも、地元中学生によって、局部磨製の神子柴型石斧が採取されていた。これが発端となって一九七五年とその翌年に最初の調査がおこなわれた。國學院大學の谷口康浩《やすひろ》を団長とする一九九八年の調査では、珪質頁岩の石刃を素材とした掻器・削器・彫刻刀形石器と、それぞれの機能をあわせもつ複合石器、尖頭器、石鏃《せきぞく》に類似した石器、そして石斧とともに土器片が出土した。

神子柴遺跡では、土器をともなわないことがきわめて重要視されたが、この遺跡では食べ残しのクッキーほどの小さな無文土器のかけら四六片が発見され、大きな注目を集めた。このことから神子柴石器群には、神子柴遺跡のように土器をともなわない古い段階、大平山元Ⅰ遺跡のように土器をともなう段階があることがわかる。そしてこの土器は、列島最古の土器である可能性が高い。

肝心な土器の年代はどうなのか。土器片にこびりついていたわずかな炭化物が採取され、放射性炭素年代値が算定された。結果、一三七八〇～一二六八〇年BPの年代となった。この年代値を較正《こうせい》といってより真の年代に近づけるための補正作業にかけると、ほぼ一万六〇〇〇年前前後の較正年代が得られた。この年代が日本列島における最古の土器の年代といっていい。この年代は、現在の温暖な完新世に入る前の寒冷期の終末頃の年代を示している。谷口の依頼をうけて筆者がおこなった大平山元Ｉ遺跡の石器使用痕分析では、数点の掻器に皮なめしの使用痕が観察された。寒冷な氷期にあって暖かな毛皮革《もうひかく》類が利用されたことを物語る証拠である。

さて、神子柴の調査から二年後、研究の初期にあたる一九六〇年代に発掘された長者久保《ちょうじゃくぼ》遺跡も青森県にあり、

図 44 ● 大平山元Ｉ遺跡の遺物
出土した土器は、16000 年前という国内で最も古い較正年代を出した。
石鏃類似の石器は先が尖らないので、矢尻ではないのかもしれない。
このほかに石斧があり、彫掻器は彫刻刀形石器と掻器の複合石器。

神子柴タイプの局部磨製石斧、打製石斧、尖頭器、掻器、削器、彫刻刀形石器がみつかっている。しかしここでは土器は発見されなかった。長者久保遺跡の石器は、現在の十和田湖にあたる十和田火山の噴火による約一万五〇〇〇年前の十和田八戸火山灰の下から出土しており、地層からその年代が把握できる点で重要である。ただ、十和田八戸火山灰は大平山元Ⅰ遺跡では残念ながら確認されていない。

このほか、大平山元Ⅰ遺跡のような古い土器をもつ遺跡がいくつか東日本で知られている。茨城県ひたちなか市の後野《うしろの》遺跡、神奈川県に広がる相模野台地の寺尾《てらお》遺跡や月見野《つきみの》遺跡群上野《かみの》遺跡、勝坂《かつさか》遺跡などである。たとえば月見野遺跡群上野遺跡では、無文土器とともに、尖頭器、掻器、打製石斧、磨製石斧があり、これに北方系と呼ばれる細石刃石核が加わっている。勝坂では石斧はなかったが、尖頭器、北方系細石刃石核とともに、この時期ではきわめて事例の少ない住居跡が発見された。

神子柴型石斧の最後の姿

野尻湖の旧石器時代遺跡群でよく知られた長野県信濃町には星光山荘《せいこうさんそう》B遺跡があり、上信越自動車道の通過にともなって一九九五年に発掘調査がなされた。この遺跡からは、一八本の石斧とともに、一二八四点もの隆起線文《りゅうきせんもん》土器が出土し、有茎尖頭器三一点、尖頭器三四点、楔状《くさび》石器四点、石錐《いしぎり》一八点、掻器一四点、削器六〇点、舟底形石器などがみつかっている。

一八本の石斧のなかには、九点の局部磨製石斧と二点の打製石斧が含まれ、他は刃部の状況のわからない石斧断片である。いずれも神子柴型石斧といえる。

星光山荘Bの石斧は、最長で一七センチ、最小で一一センチであり、神子柴にみたような二〇センチを超える大型の石斧はない。また、石斧のなかには、ダメージで刃部が破損したものがあり、使用されていたことは確かである。尖頭器も概して小型で、神子柴のように一〇センチを超す大型のものがない。また、有茎尖頭器といって、柄との装着部を作り出した尖頭器をともなっている点でも神子柴とは異なっている。

いずれにせよ、隆起線文土器と有茎尖頭器をともなうこの石器群は、大平山元Iに後出し、神子柴型石斧の消滅する一段階前の姿をみせているといっていい。なお、その年代については、土器内面の付着炭化物から得られた較正年代値は、約一万四〇〇〇年前と算定

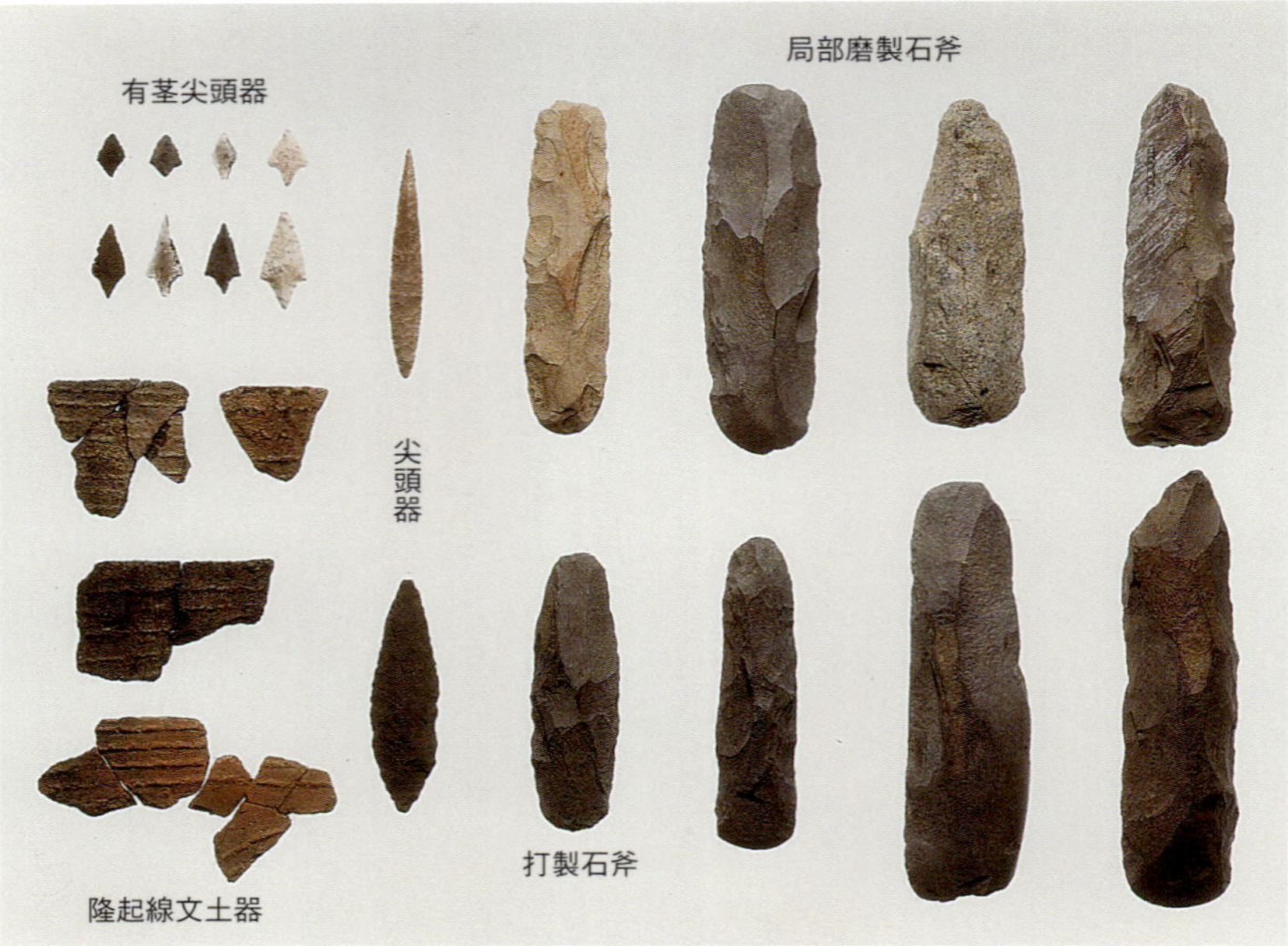

図45 ● 星光山荘B遺跡の遺物
神子柴と異なるのは、隆起線文土器や有茎尖頭器をもち、石斧は大型品が存在しないことである。

されている。

神子柴遺跡が発掘された一九五八年とその翌年、新潟県では長岡の考古学者中村孝三郎《こうざぶろう》により小瀬ヶ沢《こせがさわ》洞窟が発掘されていた。小瀬ヶ沢では一万点を超える膨大な石器類に混じって、神子柴型を含む一九点の石斧が発見された。おそらく一緒に出土した隆起線文土器や爪形文《つめがたもん》土器などにともなうものと考えられる。

山形県日向洞窟では、西地区で四二八点を超す多量の尖頭器が発見され、珪質頁岩の産地における尖頭器製作跡とみられるが、ここでも六一点の打製石斧、神子柴型を含む一一点の局部磨製石斧のほか、隆起線文土器、爪形文土器が出土している。

おそらく神子柴型石斧は、爪形文土器にともなった後、消滅の運命をたどるようである。

3　神子柴文化の軌跡

神子柴石器群の広がり

一九七九年、当時奈良国立文化財研究所にあった岡本東三は、神子柴文化の軌跡を追い求め、丹念に列島内の神子柴型石斧を集成した。岡本が集成した神子柴文化の指標となる神子柴型石斧は、北は北海道の高瀬遺跡から南は山口の前田遺跡まで一五八点を数えた。遺跡数でみると、北海道では一一遺跡、本州の東日本地域で約八〇遺跡がとり上げられているが、東海地方以西の西日本では岡山県領家遺跡、愛媛県上黒岩《かみくろいわ》洞穴、高知県不動ヶ岩屋洞穴、山口県前田遺跡の四遺跡のみである。九州の遺跡はこの時点ではみられない。

日本旧石器学会が二〇一〇年にまとめた『日本列島の旧石器時代遺跡』の最新データベースから、神子柴型石斧の出土遺跡を拾い上げてみると、北海道から九州まで二一四遺跡の存在が示されている。地域別では、北海道三遺跡、東北二八遺跡、中部四九遺跡、関東五五遺跡、東海二二遺跡、近畿八遺跡、中国七遺跡、四国一二遺跡、九州三〇遺跡で、沖縄には存在しない。本州の東日本地域（東海以東）に一五四遺跡（七二パーセント）が集中することがわかり、近畿・中国・四国は総じて希薄で、九州にやや多い傾向がうかがえる。

北海道においては、前述した岡本の一一遺跡とデータベースにのる三遺跡とは大きな数の隔たりがあるが、何をもって神子柴型石斧とするかという点において評価が分かれる。いずれにせよ、北海道をフィールドとする研究者である杉浦重信が指摘するように、北海道では神子柴遺跡のように、数多くの石斧が存在しそれがセットとして把握できる遺跡はみあたらず、またスタイルの上からも典型例が少なく、総じて希薄な印象を否めない。

本州の東日本地域には約七割の遺跡が集中するように、きわめて濃密にみられることが特徴である。そのなかでも、たとえば神子柴遺跡のある長野県や新潟県では、一遺跡でまとまった数の神子柴型石斧が出土する遺跡の存在が特徴的である。前述したように、神子柴遺跡はもちろん、唐沢B遺跡、星光山荘B遺跡、小瀬ヶ沢洞窟などである。山形県の日向洞窟でもまとまった数の神子柴型石斧が出土した。

九州での神子柴型石斧の存在も今日までいくつか明らかになり、大分県市ノ久保《いちのくぼ》遺跡では、

神子柴型石斧が出土した遺跡数（都道府県別）

北海道	14	埼玉	6	滋賀	0	徳島	0
青森	8	山梨	0	奈良	4	愛媛	10
岩手	8	千葉	6	和歌山	0	高知	1
秋田	0	東京	10	京都	1	福岡	9
宮城	1	神奈川	3	大阪	0	佐賀	1
山形	4	静岡	0	兵庫	3	長崎	5
福島	7	富山	3	岡山	3	熊本	1
新潟	25	石川	1	広島	2	大分	6
長野	17	福井	3	鳥取	0	宮崎	6
茨城	8	岐阜	4	島根	0	鹿児島	2
栃木	10	愛知	2	山口	2	沖縄	0
群馬	12	三重	16	香川	1	計	225

神子柴型石斧は東日本、ことに中部関東地方に濃密に分布する。北海道にも点が落ちるが、真正な神子柴型石斧と呼べる石器を出した遺跡はあまりない。

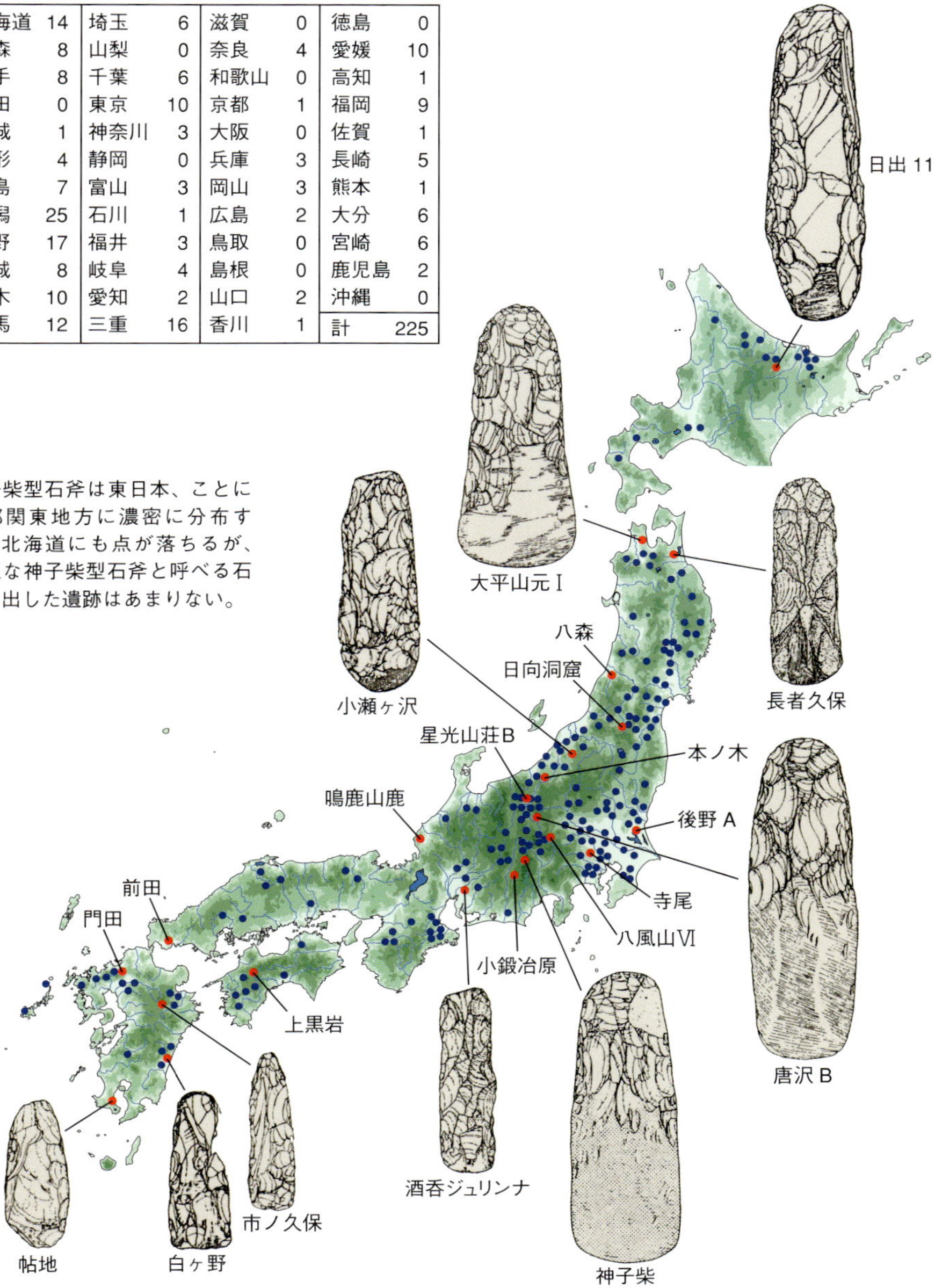

図46 ● 神子柴石器群の分布
神子柴型石斧を出土した遺跡を、岡本東三による分布図（岡本1979）、『日本列島の旧石器時代遺跡』データベース（日本旧石器学会2010）等をもとに落とした。あわせて、本書に登場する主な遺跡を示した。

船野型とされる細石刃石核と一緒に神子柴型石斧が出土し、綿貫俊一《わたぬきしゅんいち》によって報告された。最南端では、鹿児島県帖地《ちょうち》遺跡において、神子柴型石斧に類似する石斧が発掘されている。

岡本は、その後の発言で、九州での神子柴文化の存在については、分解された文化要素(個々の遺物)は認められても、ひとつの文化階梯を示すようなものではない、と述べている。そして、神子柴文化が文化階梯として認められるのは東日本に限られ、西日本も九州と同様分解された要素が認められるにすぎず、神子柴文化が北から貫入的に波及し、短期間のうちに列島を通り過ぎて、分解した姿を示している、とする。

東日本の中心的分布に対し、西日本は明らかに文化の周縁様相を呈している。

起源をめぐる対論

神子柴遺跡や長者久保遺跡の石器群は、当初、縄文研究の泰斗山内清男などによってシベリアのイサコヴォ期と対比され、彼の地にその出自や系統関係が求められてきた。また、後続する新潟県小瀬ヶ沢洞窟などにみられる断面三角形の錐や植刃なども大陸に起源をもつ「渡来石器」と考えられた。山内学派に連なる東京大学の佐藤達夫も、小瀬ヶ沢洞窟の窩紋《かもん》や篦紋《へらもん》土器とされる土器についてロシア沿海州などとの対比をおこなっている。

後に、岡本東三も神子柴石器群の流入ルートに関して、シベリア―カラフト―北海道ルート、あるいは沿海州―日本海―裏日本ルートの二つの可能性を示している。また、近年では、ロシアのアムール川下流域のオシポフカ文化において、最古の土器や尖頭器、局部磨製石斧がみられることから、オシポフカ文化と神子柴文化の対比が何人かの研究者によってなされることがあった。このように従来、神子柴文化北方起源論が支配的であったといえる。

しかし最近になって「沿海州に発した『神子柴・長者久保文化』が北海道に渡来し、以後、順次青森を経由して長野に至り、さらに九州地方まで南下したという従来の『文化伝播論』は、説明原理としての有効性を失った」とまで述べるのは、東北芸術工科大学の安斎正人である。

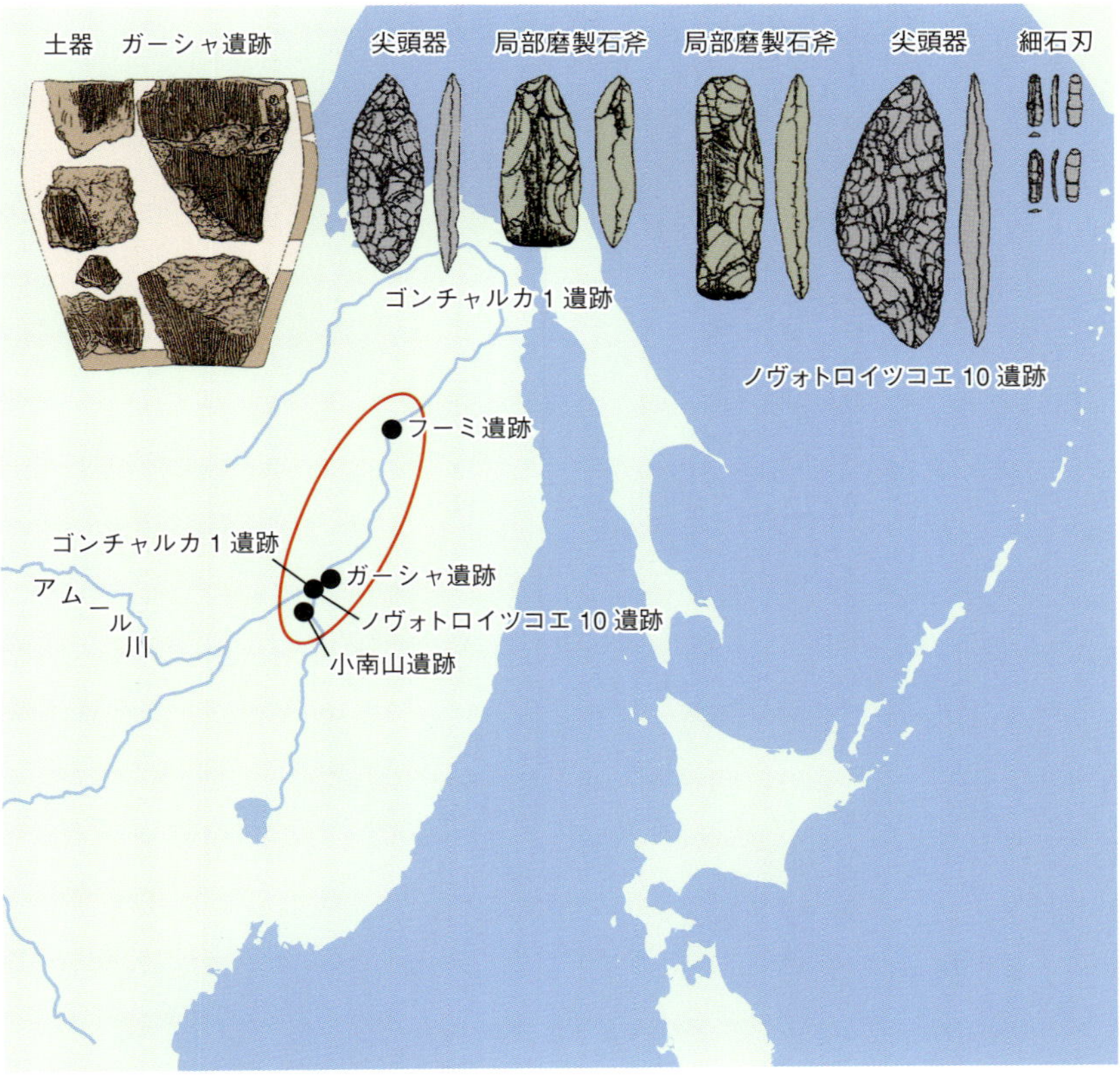

図 47 ● オシポフカ文化の範囲とその遺物
更新世−完新世移行期のロシア・アムール川下流域に展開するオシポフカ文化については、長沼正樹などによる研究成果がある。局部磨製石斧、尖頭器、細石刃、土器などをもつ文化である。

安斎は、北海道でこの種の石器が希薄であることや、大陸で同種の石器をみいだすことがむずかしいことから、「渡来説」が成立しないとする見解を強力に打ち出してきた。むしろ「神子柴・長者久保石器群の列島内発生」を安斎は考えている。安斎はさらに信州など中央高地にその発生の起源を求めているようである。確かに、神子柴や唐沢Bのような完成度の高い石斧は信州にあり、隣接する新潟などもその出土量は抜きんでている。

一方、オシポフカ文化には局部磨製石斧が存在するが、ロシアで同文化の遺跡調査にあたる明治大学黒耀石研究センターの橋詰潤《じゅん》の話によると、その数は多くなさそうだ。さらに、オシポフカ文化に関する年代測定値は、ほとんどが日本でいう隆起線文土器段階以降を示しており、現時点ではその起源を示すような状況ではないという。むしろ氷期の終末から後氷期初頭の環日本海北部地域で生じた、環境適応の類似と相違という文脈のなかでその存在を考えることが重要だと橋詰は指摘する。

それにしても、どのようにして神子柴石器群が生成したのか。たとえば、南関東の相模野台地には、神子柴石器群が登場する前段階の細石刃石器群のさらに以前に、尖頭器をもつ石器群が発達する。鈴木次郎は細石刃石器群の前段階から尖頭器が存続し、それらが神子柴石器群に特徴的な大形の槍先形尖頭器や柳葉形の槍先形尖頭器を発達させたと評価する。

これに対し安斎は、「細石刃石器群をはさんだ上下の槍先形尖頭器石器群は、技術体系も系統も機能もはっきり異なる」という。安斎は、神子柴石器群の形成過程に関して、湧別《ゆうべつ》技法と呼ばれる北方系の細石刃石器群をもつ集団の「本州への拡散に直面した、ナイフ形石器文化後半期の在地の槍先形尖頭器石器群集団および細石刃石器群集団自体の文化変容によって、長者久保石器群や神子柴石器群が発生した」というシナリオを描いているようである。文化変容とはいかなるものか、さらに具体的な説明を聞いてみたいところである。

　安斎の異議申し立てはともかく、従来、神子柴型石斧のような完成度の高い石斧が、その前段階の純粋な細石刃石器群にみいだしがたい点に、はるか大陸よりもたらされたという説明が功を奏していたことは事実である。

　近年、須藤隆司は、神子柴型石斧の成立に関して新たな見解を表明している。つまり、細石刃技術のなかに神子柴型石斧を生み出す素地が見え隠れしているというのである。須藤は、舟底形《ふなぞこがた》細石刃石核の原形や両面体の細石刃石核の原形の製作技術が、神子柴型石斧の製作に結びついていく、と考える。あらためてみてみると、確かに刃部を磨いた神子柴型石斧のなかには、舟底形もしくは両面調整体の細石刃石核原形に近いものがある。神子柴タイプの石器製作技術は、細石刃技術のなかから生じた地域開発技術であると須藤は結論づける。

　いずれにせよ、神子柴のルーツについては、いったんは大陸からもたらされた北方系の石器群という枠組みをはずして議論する必要がある。

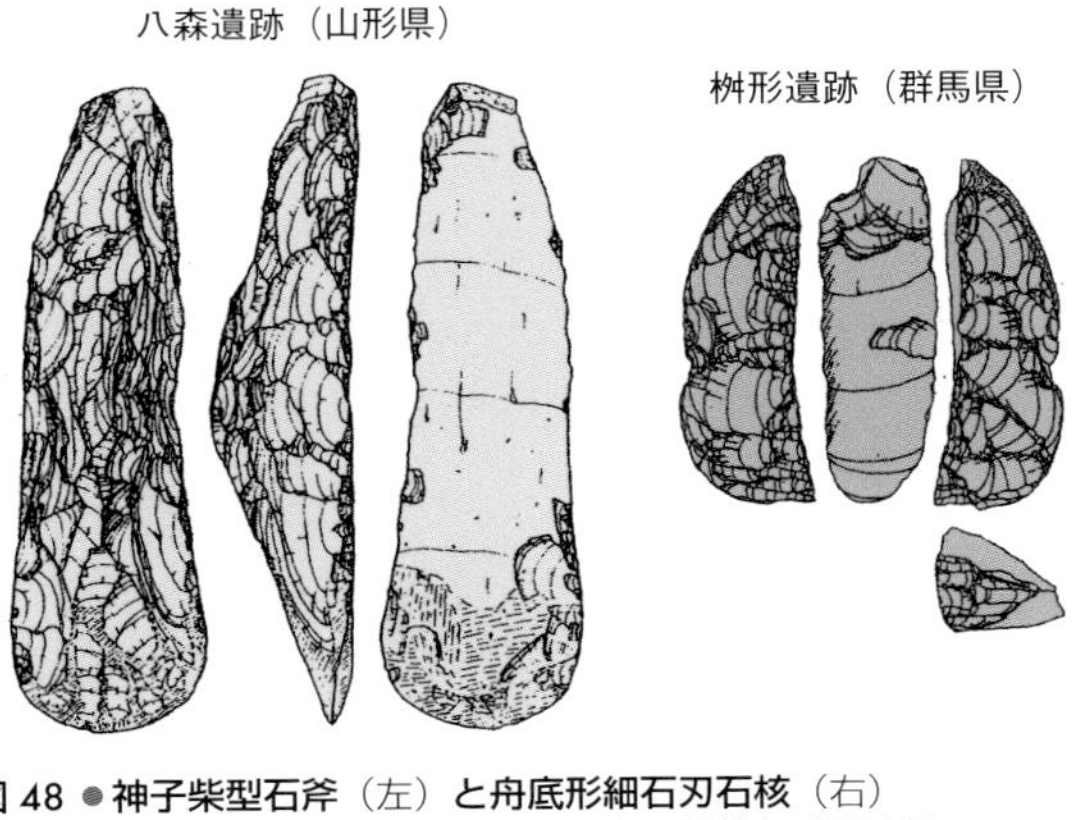

図 48 ● 神子柴型石斧（左）**と舟底形細石刃石核**（右）
縦長の分厚い剝片を用い、甲高に器体を成形する
様子は確かに共通する。

第4章　狩猟採集民のコスモロジー

1　神子柴遺跡の時代

はたして土器をともなうのか

神子柴遺跡の発見まであと二年を待たねばならなかった一九五六年の暮れ、芹沢長介は新潟県津南町の本ノ木《もとのき》遺跡に赴いていた。豪雪地帯で知られるこの地にはすでに雪が積もりはじめていた。凍える手で雪をかきわけ、土を掘り進むと、やがて多量の尖頭器が出はじめた。本ノ木「冬の陣」と呼ばれる調査だ。この時出土した押圧縄文土器が、後に縄文研究の父といわれる山内清男とその薫陶を受けていた芹沢長介との間に深刻な対立を生む火種となった。

芹沢はこの土器を尖頭器石器群への混入として排除し、尖頭器石器群のみを「無土器時代」（当時の時代呼称）の所産として、縄文時代以前に位置づけた。これに疑義を抱いた山内清男は、翌年八月ただちに本ノ木「夏の陣」を張り、尖頭器と土器双方の出土を確認したうえで、両者を古い縄文文化に属するものとして譲らなかった。無土器時代か、縄文時代の暁《あかつき》を告げるものか、両者の歴史観の溝は埋まらずにいた。

世にいう「本ノ木論争」である。

芹沢はその後、放射性炭素年代を基軸に、無土器時代を大陸の旧石器時代と理解して、およそ一万年前の更新世《こうしんせい》から完新世《かんしんせい》への移行のなかで、旧石器時代から縄文時代への変化を理解しようとした。一方、放射性炭素年代など理化学的な年代に疑義をもった山内は、あくまで比較考古学的な方法をもってシベリアとの対比をおこない、列島の縄文文化が紀元前三〇〇〇年をさかのぼることはなく、また土器のない石器文化も無土器新石器文化として、紀元前四〇〇〇年程度のもので、あくまで旧石器時代ではないと主張した。こうした考え方は、芹沢に代表される「長期編年」に対し山内「短期編年」と呼ばれている。

「夏の陣」の翌年、いよいよ神子柴の第一次調査がなされた。土器の有無は、自明の最重要課題でもあった。

図49 ● 本ノ木「冬の陣」
新潟県津南町本ノ木遺跡の1956年12月の発掘。立って指揮をするのが芹沢長介。

神子柴の第一次調査の翌年、林茂樹は長野県教育委員会より内地留学をゆるされ、芹沢のいる明治大学と山内のいる東京大学の両天秤で考古学を学んだが、東大人類学教室では天下の山内清男にこう詰め寄られたという。

「林君、確かに神子柴には土器はなかったんだね」

林は一瞬たじろいだが、気を取り直してつぶやくようにこう答えた。

「確かに土器はなかった」

旧石器か縄文か

「本ノ木論争」に端を発した時代観の異なりは、神子柴遺跡の位置づけにおいても尾を引き、時代論としての「神子柴論争」へと議論が引き継がれる。

さすがに山内が示した紀元前四〇〇〇年という神子柴・長者久保遺跡などの年代観は、放射性炭素年代が基軸となった今日では用いられることはないが、神子柴を旧石器時代末の文化として位置づけるか、縄文時代の最初頭である草創期に繰り入れるかという時代認識は、そのまま議論が継続している古くて新しい論争である。今日では、あえて両時代の「移行期」とする立場もある。

その位置づけを旧石器時代末にたぐり寄せるのは、神子柴本体には土器がないという状況であり、石刃技法を含むその石器製作は明らかに旧石器的だという見解である。これに対し、斧を磨く研磨技術は新石器（縄文）的要素であったり、神子柴石器群の後半期には確実に隆起線文土器などをともなうことから、全体としては縄文時代草創期に位置づけるべきだとする認識もある。土器というきわめて重要な文化要素の存在をもって、旧石器時代と縄文時代とを画するという見方は多い。小林達雄などの考え方である。

文化変容は、往々にして連続的あり漸移的で、多様な要素の変化が不整合をなすため、ただひとつの線引きは不可能な状況がある。悩ましい点であり、逆に、いくつかの要素を取捨するという判断をなさざるを得ない。また、時代呼称とは、歴史観の照射であると同時に、一方では歴史学上の操作概念でもあり、過剰に実態視することは躊躇される。であるならば、一定の割り切りもゆるされよう。筆者は、神子柴石器群に見え隠れする土器の存在をもって、この文化を縄文時代の最初頭に位置づけている。ただ、旧石器時代末であれ縄文草創期であれ、神子柴がその時間に確かに存在していたことだけは、紛れもない事実である。

最終氷期末の自然環境

では、いったい神子柴遺跡の年代は、具体的にどのように押さえられるのだろうか。

山梨文化財研究所の河西学がおこなった地質調査では、鹿児島湾姶良《あいら》カルデラから二万九〇〇〇年前に降ってきた姶良Tn火山灰（ＡＴ）が神子柴遺跡から検出され、石器群はそれよりも上位にあって、新しいことが判明した。

また、神子柴遺跡では一二点の黒曜石石器で水和層年代測定が、立教大学の鈴木正男らによってなされた。長い間地中に埋もれた黒曜石の表面には、水分による皮膜ができており、その厚さ、すなわち水和層を測ることで年代を知る方法である。結果は、もっとも古い年代で約三万年前、もっとも新しい年代で約一万年前、その中間の約二万年前の数値も出され、水和層年代はばらついてしまった。約三万年前から一万年前の大きな時間幅でとらえられるものの、ピンポイントの時間は特定できない。一方、もっともメジャーな放射性炭素年代測定は、当時はサンプルの炭化物が得られず、残念ながら実施されなかった。

国立歴史民俗博物館の工藤雄一郎は、いったん時代区分論を離れたうえで、旧石器から縄文時代の環境史と遺跡の年代とを整理し、神子柴に前後する石器群に時間的位置を与えている。工藤が神子柴を位置づけたのは、細石刃石器群で神子柴系の石器を含まない荒屋《あらや》遺跡の後で、列島最古の土器を出土した大平山元Ｉ遺跡の前である。石器の顔つきをみると、両者の間に神子柴を位置づけるのに異論はない。また、荒屋遺跡の放射性炭素年代の較正値は約一万七〇〇〇年前、大平山元Ｉ遺跡のもっとも古い較正値が一万六〇〇〇年前なので、神子柴はその間の年代をとることになる。

温暖化が叫ばれている今日だが、過去七〇万年間にさかのぼると、地球はおよそ一〇万年単位で寒冷化（氷期）と温暖化（間氷期）が振り子のように繰り返されてきた。最後の氷期では、二万八〇〇〇年前から二万四〇〇〇年前がもっとも寒い頃で、最終氷期最寒冷期（ＬＧＭ）と呼ばれている。神子柴の台地に人びとが立った時代は、そのＬＧＭにつづく、寒冷な時期の終わり頃にあたる。

長野県軽井沢町の標高九五〇メートルの成沢《なるさわ》地区には、神子柴と同時代の埋没林が残されて

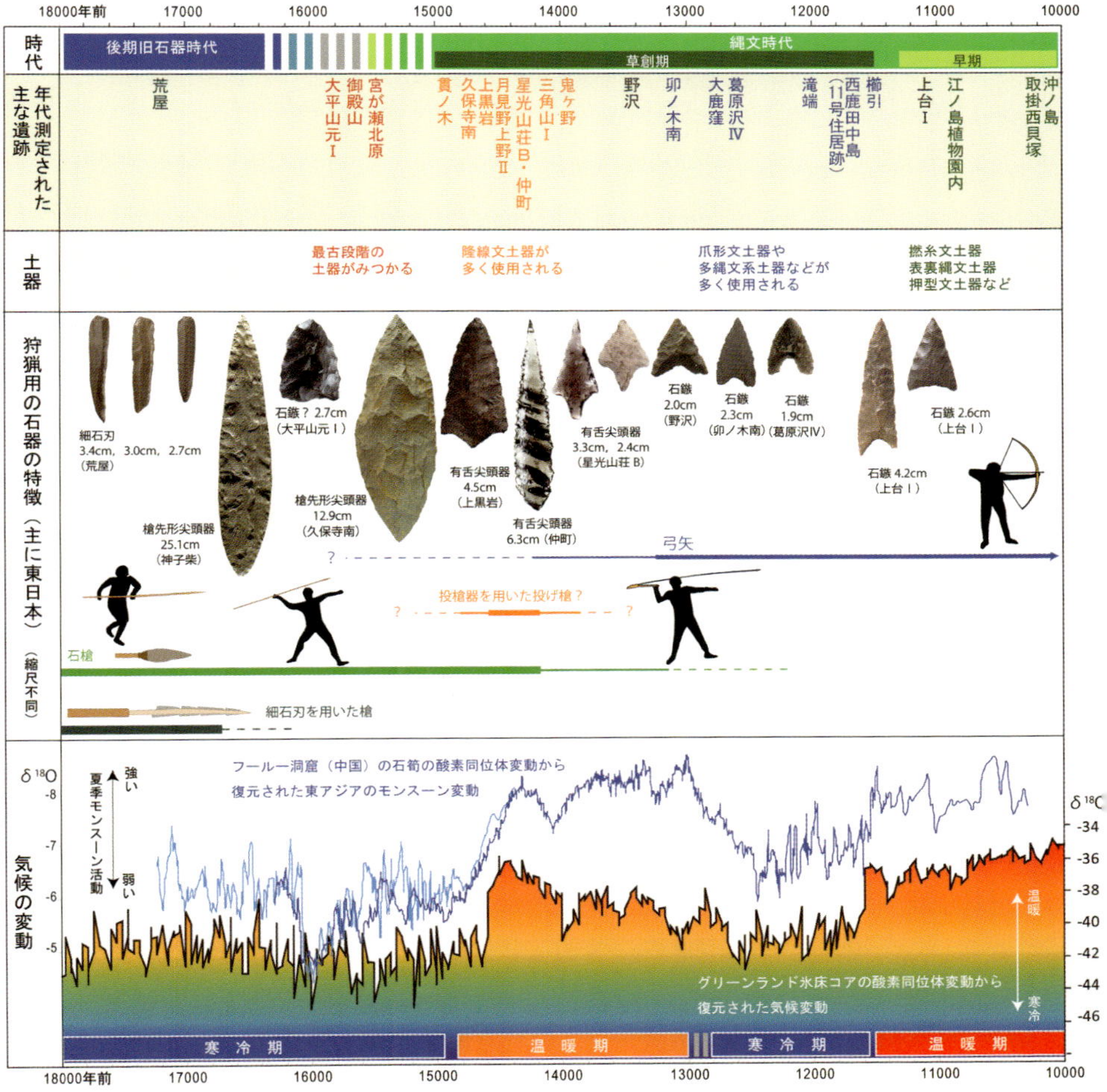

図 50 ● 旧石器時代末から縄文時代にかけての狩猟具の変遷と気候変動

旧石器時代の終末にあたる 18000 年前頃、日本列島では細石刃が多用されたが、17000 年前をすぎると大型の尖頭器と局部磨製石斧をもつ神子柴石器群が登場、16000 年前には最古の土器もみられた。やがて、有舌（茎）尖頭器が用いられた後、弓矢に用いる石鏃が登場し、縄文時代全般にわたって狩りに利用された。

いわゆる氷河期（更新世）と、現在の温暖な完新世との境界は 11500 年前頃である。ノコギリの刃のような気候変動曲線は、下にいくほど寒冷（青色）で上にいくほど温暖（オレンジ色）な状況を示す。17000 ～ 16000 年前の神子柴遺跡の時代は、寒冷な気候であったことがわかる。

いた。那須浩郎《ひろお》らの調査によればその樹木はトウヒ属やハイマツであり、今日では北海道大雪山系の標高一四五〇メートル前後にある沼の原湿原の湿原林にもっとも類似しているという。つまりこの頃は、現在より五〇〇メートルも高冷な環境下に信州中央高地がおかれていたことになる。

植物相にくらべ、この頃の動物相をくわしく知る動物化石の出土はほとんどないが、いずれにせよこの頃にはナウマンゾウなどの大型獣はすでに絶滅していたものと考えられる。直接的な根拠はないが、神子柴の人びとの狩りの対象になったのは、おそらくシカやイノシシなど以後の縄文人たちが好んで捕獲した中型獣ではないだろうか。

気候は、一万五〇〇〇年前をすぎると急激に温暖化に転じたが、ふたたび一万三〇〇〇年前には寒冷化した。そして、一万一五〇〇年を境に一気に年平均気温が数度もジャンプして、現在の温暖な完新世へと移行したのである。

2　神子柴遺跡とは何か

石器分布の意味するもの

たかだか数メートルの範囲から出土した石斧、尖頭器、掻器、削器、石核など、いずれも優品ぞろい、その謎に多くの考古学者が立ち向かった。住居か、デポか、交換の場か、諸説が入り乱れる状況を冒頭に紹介した。墳墓は成立の余地がないものと考えるが、裏返せばいずれの仮説も否定しがたい要素をもつがゆえに、論争にいまだ終止符が打たれていないわけである。

神子柴発掘の四〇年目の夏にあたる一九九八年、林茂樹の呼びかけで石器全点を前に多くの研究者が伊那谷に集い、議論が交わされたが、結局話はまとまらなかった。しかし、討論を終えたのち参加者が神子柴の丘に立ち、撮ったスナップには林のにこやかな笑顔があった。

さて、最後に、ここで私の結論めいたものを示しておかなければなるまい。

神子柴遺跡の石器分布については、そのまとまりが大きく南群と北群に分かれることは、第2章で述べた。北群に数多く分布するのは、遺跡近傍で求められる石材を使った石斧や、和田峠周辺の黒曜石を用いた石核、砥石・敲石など、大きく重い石器が中心である。これらの石器には、利用が進行しないか、未使用とみられるものが多く含まれている。一方南群には、尖頭器および掻器・削器が多く、使用され

図51 ● 発掘40年後の神子柴遺跡にて
林茂樹を中心に、本書にも登場する御子柴泰正、岡本東三、白石浩之、安斎正人、大沼克彦、中村由克、須藤隆司、田中清文らの顔がみえる。

た石器も含まれていた。

　確かに、使用された黒曜石の尖頭器などがまとまって存在することは、居住にともなう消費行為があったことを意味するかもしれない。炭化物があったとする証言も、生活行為として火を焚いたことを想定させる。神子柴に比肩する唐沢Ｂ遺跡においても炉跡が発見されたが、それも生活行為を裏づけるのだろう
　一方で、未使用の磨製石斧や、刃を研ぎだす前の打製石斧、素材剝離のあまり進んでいない石核、破損や使用痕のない珪質頁岩や玉髄の尖頭器など、有用このうえないものの数々を、ただたんに居住地内での「忘れもの」と片づけるわけにはいかないだろう。

　これは、重要物資のストック、すなわちデポ行為を意味しているものと私は考えている。そして、新潟、信州、岐阜、搬入ベクトルの異なるさまざまな産地の製品が集まる状況は、神子柴がロジスティック・センター、すなわち製品の交換拠点であった可能性をうかがわせる。

　私自身は、その性格をひとつに押し込めること、それ自体に無理があると思っている。つまり神子柴遺跡とは、消費行為をともなう居住地であり、かつ交換のための各地からの物資を備えたデポとしても機能した、こう結論づけたい。

　遺跡の性格は別としても、この場所が選ばれることになったのは何だったのか。大きな意味では、さきの安斎の主張にみるランドスケープ性というよりは、中村由克の指摘にあるように、領家帯と呼ばれる石斧石材産地のただなかに神子柴があって、石斧の調達と密接にかかわっていたからと考えたい。原材のある河原で加工された打製石斧が、この遺跡に持ち込まれること

になったのだろう。また、砥石の存在から、神子柴では製作の最終工程である刃先を研ぐという行為がなされたのかもしれない。一方でこの地が、移動生活を基本とする当時にあって、天竜川沿いの重要な交通路の結節点としても機能していたに違いない。

さらに細かな選地条件として重要視しなければならないのは、湧水であろう。旧石器から縄文時代遺跡の成立が、湧水の存在と密接にかかわっていたことはかねてより指摘があるが、神子柴の地籍名である大清水が示すように、絶え間なく湧き出る清水がきわめて重要な選択肢としてあったと考えるのである。

デポ出現の背景

それにしてもなぜ、人びとはデポを設けなければならなかったか。それは、道具あるいはその原材料の調達システムの変化にある。

後期旧石器時代にあっては、概して完成した石器そのものが供給されるシステムはあまり発達せず、原材料となる石材が必要量供給されるという状況にあったが、神子柴が登場すると、石斧や尖頭器などは産地を活動領域に取り込んだ集団によって大量に製作され、原石ではなく石器そのものが供給

図 52 ● 神子柴の湧水
大清水地籍にある遺跡の丘の下を流れ、やがて天竜川へと注ぐ。

されるというシステムへ移行した。このため、それぞれの補給先において、石器のいわばストックともいえるキャッシング戦略と交換とが展開して、デポが形成されるようになったものと考えられる。

つまり、その大きな意味は、神子柴以前の細石刃集団における細石刃＝石器素材の補給—石器自己生産という補給構造から、石斧・尖頭器＝石器製品の補給—石器非自己生産という補給構造へと質的に変換した点にある。

完成品の供給により、石器製作にともなう破損リスクがまず回避された。また、石材の表皮など不要な部分はそぎ落とされているので、運搬重量も軽減された。こうした供給システムが整備された背景には、旧石器的移動生活から縄文的定住生活への徐々の移行にともなって、集団ごとの資源開発領域の固定化・専有化がはかられ、自らの領域外の資源獲得は他者からの供給に頼らざるを得なかった事情があるものと考えられる。

神子柴や唐沢Bのような完成品ばかりが出土する供給先あるいはデポ遺跡に対して、未完成品や破損品、あるいは製作によって生じた大量の石クズばかりが出土するいわば供給元の石器製作アトリエの発見がなされている。さきに述べた長野県の八風山ガラス質安山岩産地にある八風山Ⅵ遺跡や、山形県の珪質頁岩地帯にある日向洞窟もまた、補給のための尖頭器製作アトリエであろう。一方、神子柴遺跡からそう遠くない河川敷には、領家帯の石材を用いた石斧製作アトリエが存在したことが想定される。

かつて人類学者のモースは未開社会における贈与の重要性を説き、マリノフスキーは贈与交

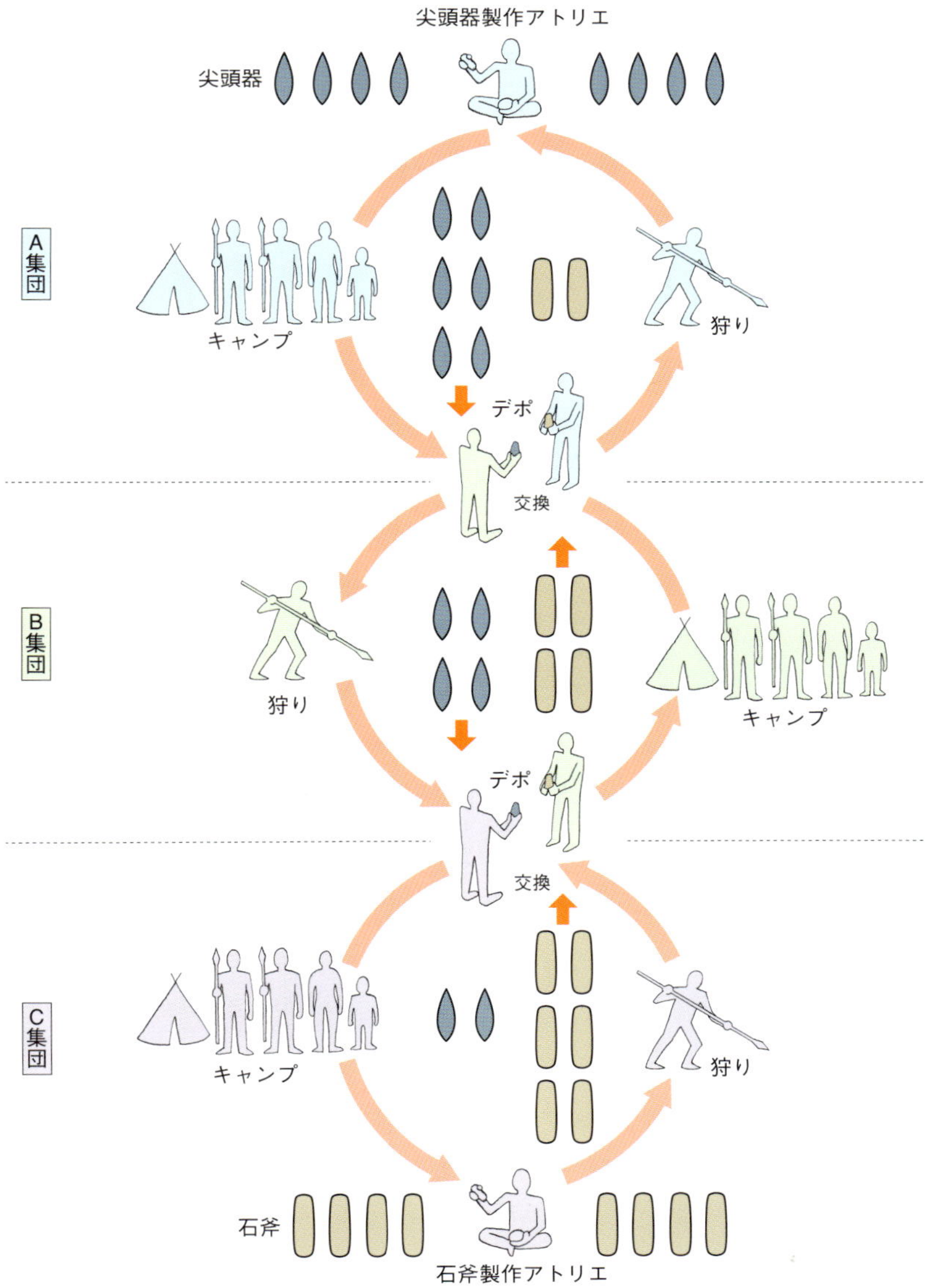

図53 ● 神子柴期の集団間の交換システム
神子柴のように斧の産地を領域にもつ集団、一方、尖頭器の産地を領域にもつ集団、その中間にある集団を通じ、相互の石器が交換によって動いていくシステムが神子柴期にあったと推定される。デポはその交換品のストックのため形成されたのだろう。

換論としてその意義を深めたが、いずれにせよ神子柴が提起するような先史社会における交換システムのあり方は、その社会・経済像を描くうえにおいてきわめて重要であると考えられる。

狩猟採集民の世界観《コスモロジー》

おそらく神子柴遺跡の尖頭器を、そして斧を眼にした時、だれしもため息をもらすに違いない。後からつける理屈は抜きにして、そのため息にこそ神子柴の石器の真の価値が含まれているように思えてならない。他を圧倒するその美しい石器には、これまで述べてきた経済的側面とは別に、氷河時代の末期を生き抜いた狩猟採集民の世界観が込められていないか。たとえば、黒曜石の尖頭器の夜の闇のように深い黒、玉髄の尖頭器の氷雪のような白は、きわめて対照的であり、重要な意味をもつのだろう。

安斎正人は、「旧石器研究者は色彩感覚に鈍感である」と批判したうえで、アフリカ諸文化を一般的にみた場合、白は男性／右手に、黒は女性／左手に関連しており、神子柴遺跡の尖頭器の色彩（白／黒）が遺跡内空間の構造化に重要な役割をはたしていたかもしれない、と推定する。黒い黒曜石は、いわば信州の近傍産の石材であり、白の玉髄はエキゾティックな新潟地域の石材である。こうした尖頭器の故地の異なりも、双方の象徴性に異なりをもたせていたのかもしれない。また、ジェンダーの観点では、木材伐採などハードワークに関与する斧は男性の道具、皮なめしに関与する掻器は女性の道具という棲み分けも考えられる。

一方で、機能性を越え、「これでもか！」とみせつけるような道具のフォルムを、安斎は

「過剰デザイン」と呼んで注目する。たとえば入手コストのかかる遠隔地で採取された希少な石材を使い、多大な時間とエネルギーを投入して精巧に作り出した尖頭器や石斧は、機能性や効率性を重視した通常のデザインから逸脱している。むしろそうした逸脱行為を必要としたかのような意匠・設計が、過剰デザインであるという。過剰デザインのもっとも重要な原則のひとつが、強調された可視性で、眼にはっきりとみえ、適切なメッセージが伝えられるという。

存在感のある神子柴の斧については、谷口康浩の興味深い指摘がある。

使用痕が未検出であった大形の局部磨製石斧六点について、「超大形であると同時にバラツキが小さい規格品」であることに谷口は注目する。さらに神子柴の大型石斧については消費過程を見越した「経済効果よりもむしろ石材浪費性を最大限にして石器の価値を高めようとする意図」、すなわち「財のインフレーション」がそこに働いていたとみる。「神子柴・唐沢Bなどの典型的な神子柴型石斧は、超大形であると同時に大きさのバラツキが小さい規格品である点において、日本先史時代の石斧の中できわめて特異な様相を示している。（中略）相当高い技能を保有する熟練者によって製作されたとしか考えにくいものであり、斧としての実用性を越えた一種の財であった可能性はその他の石斧に比べれば格段に高い」と述べるのである。さらに谷口は、こうした威信財《いしんざい》については、財のトランスファーと呼んで、通常の製品とは別の移動を想定している。

一方、オセアニアの民族例によると斧は、一〇年以上にわたって用いられる場合や、伝世されるものがあり、きわめて息の長い道具であることは確かである。

日常と非日常の同居する世界

「道具の中の道具」、佐原眞は斧のことをこう呼んだ。

佐原は『斧の文化史』をひもとくなかで、パプアニューギニアのワギ谷・チムブ谷の人びとが使う石斧には、「祭りの斧」「日常の斧」「花嫁代償の斧」の三者があり、現地語でもこれらが呼び分けられていることについて注視する。日常の斧は、屋外作業など日常の仕事で使われ、祭りの斧はあらゆる種類の祭り・儀式・戦闘・訪問などに使われ「見せびらかされるもの」で、花嫁代《はなよめだい》償《しょう》の斧は文字通り婚資《こんし》として使われるものであるという。

このように民族例では、実用と非実用（工具としての）の双方が同居していることがわかる。同じ、パプアニューギニアのハーゲン山の石斧を実見した加藤勝仁《まさひと》は、伐採や木材加工の実用の斧は、みせびらかすために使う祭りの斧にくらべて「小さめ」であることを指摘し、実用斧と非実用斧でサイズ差が生じていることを示唆する。あるいは神子柴遺跡の斧の大小のサイズ差による使用痕跡の有無は、こうした民族例の示すところと重なるかもしれない。さらにいうなら、その後半期において小さな神子柴型石斧のみとなるのは、実用の斧のみが残ったと

図 54 ● パプアニューギニアのベク
パプアニューギニアのトロブリアント諸島で、ベクと呼ばれる石斧が庭先に埋められていた事例。ベクは富と権威の象徴で、「財としての石斧」ということになる。

いうことなのだろうか。

谷口は実際、神子柴の大形石斧に、婚資（花嫁代償）としての性格を垣間み、それらが集団間の社会的関係を形成・維持するシステムとして働いているのではないかとも論じる。また、神子柴型石斧の用途論に具体的に踏み込んだ安斎は、神子柴型石斧が、当初は生産用具として機能した「生活財」というより、「威信財」や「交換財」であり、転換期の動揺する社会にあっての統合シンボルとしての「儀器・祭具」として存在しており、経済的意味以上に社会的意味を占めていたとする見解を示した。

神子柴の性格に関する問題の所在は、さきの議論にみる日常／非日常という二元論に陥っている点にあると、私は考えている。無理にどちらか一方に解釈を押し込めるために、いずれの解釈においても困難が生じている。継続する生計の場にあっては日常と非日常が同居し、その弁別が明瞭になしえない場合もしばしばある。かつて経済人類学者のポランニーは、狩猟採集社会など互酬制の原理にもとづく非市場経済社会では「経済が社会に埋め込まれている」と述べたが、当該期にあってもおそら

図 55 ● パプアニューギニアの斧
大きい斧が儀礼用。小さい斧が実用。

く、交換や集団関係・儀礼などの行為は経済的機能をも有し、日々の暮らしのなかに埋め込まれているのであろう。そこに日常／非日常という二分法の適用の問題が生じているのである。

さて、神子柴の時代を生きた人びとも、そして今を生きるわれわれも、この地球上に残ったただ一種の人類、ホモ・サピエンスである。そのホモ・サピエンスが宿された大きな能力のひとつとして注目を浴びているのが、シンボルを用いて抽象的な思考をおこない、社会的コミュニケーションをはかることである。今日にあっては、神への祈りをささげ信仰を誓う十字架に相当するような宗教具から、ステイタスの象徴であり実用でもある、たとえばロールスロイスといった高級車まで、シンボルはさまざまであるが、神子柴の時代にあっても相応なシンボルが存在したことは疑いない。なぜなら、過去も現在も私たちは同じホモ・サピエンス自身であるからだ。優美な尖頭器と大きな石斧に、そうしたシンボル性がそなわっているからこそ、われわれはそれを目の当たりにして無意識に感嘆の声を上げてしまうのではないか。

神子柴遺跡とは何だったか

「私は、神子柴の丘に執着し、この丘をあくまで掘りさげて、事実を正確にとらえていきたい。事実を事実に即してリアルに把握することが科学的であり、学問の基底になるからである」

林茂樹は、神子柴遺跡二次調査の一九五九年、このような決意を略報の文末に書き記している。神子柴遺跡が発掘されたのは、敗戦後一〇年余、困難な時代ではあったが、日本考古学は活気にあふれ、むさぼるように大地に真実の歴史を求めた時代であった。

トラック、テント一張りから、発掘の器材、今ではあって当然の物資調達がままならないなか、林は、カメラをも入手し、貴重なスライドフィルムで遺跡の記録写真を残し、メモをとりつづけた。さきの信念にもとづき、事実をリアルに把握したいという林の気概のあらわれだろう。このような詳細な記録があってこそ、神子柴は神子柴として今日生きつづけているのだ。そうした意味において、この調査は、林茂樹の考古学的世界観《コスモロジー》をも体現したものであったといえるのだろう。

　日本列島には、止まない開発のあおりを受けて、いまや一万カ所を超える旧石器から縄文草創期の遺跡が発見されているという。しかし、神子柴遺跡を超える輝きを放つ遺跡は、いまだないものと断言できる。林茂樹は最初にして最高峰の遺跡をみいだしたのである。発見という営為は案外そういうものなのかもしれない。

図 56 ● **神子柴を記録する**
撮影中の芹沢長介、中央は太田保、林茂樹（右）。芹沢は土門拳の弟子で優れた写真技術をもつ。林も愛用のカメラで神子柴を記録しつづけた。

私は幾度となく林のもとを訪れたが、大切なことを一点聞き逃したまま、林は逝ってしまった。それは林にとって神子柴遺跡とは、そして考古学とは何であったか、ということである。

ベールに包まれていた神子柴の石器が、二〇一一年にオープンした伊那市創造館の特別展示室において全点公開されることになった。それまでセキュリティ上の問題などからきわめて限られた研究者のみしか観察が許されなかった神子柴の石器が、だれでもいつでもすべてみることが可能となったのである。また、神子柴遺跡そのものも、現在畑地として残されている。展示施設から車で一〇分ほどであるので、あわせて訪ねていただくといいだろう。

神子柴の丘に立ち、そこに生きた人びとが残した石器を目の前にしてわれわれは、はたして一万年以上前のメッセージを読み解くことができるのだろうか。むしろ、デポか住居か、実用かシンボルか、旧石器か縄文か、多様な解釈が入り乱れる神子柴論争が、私の主張する結論もむなしく、半世紀の今日をおいてなお決着がついていないことだけは、おそらく実感していただけるに違いあるまい。

われわれの前に立ちあらわれるさまざまな現象、そしてその含意について、作家フランツ・カフカの言葉を最後に引き、本書を閉じたい。

「真理を帯びて始まるものは、所詮は不可解なものとして終わらなくてはならないのだ」

参考文献　＊読者が入手しやすい最近の刊行物を主に取り上げた。

安斎正人　二〇一〇『日本人とは何か―考古学がいま語れること―』柏書房
稲田孝司　二〇〇一『遊動する旧石器人』岩波書店
岡本東三　二〇一二『縄紋文化起源論序説』六一書房
工藤雄一郎　二〇一二『旧石器・縄文時代の環境文化史』新泉社
栗島義明　一九九〇「デポの意義」『埼玉県埋蔵文化財調査事業団研究紀要』七
佐原　眞　一九九四『斧の文化史』東京大学出版会
下村　修ほか　二〇〇九『小鍛冶原・唐沢B』信毎書籍出版センター
須藤隆司　二〇〇六『石槍革命・八風山遺跡群』新泉社
田中英司　二〇〇一『日本先史時代におけるデポの研究』千葉大学考古学研究叢書一
谷口康浩　二〇一一『縄文文化起源論の再構築』同成社
堤　隆　二〇一一『列島の考古学　旧石器時代』河出書房新社
長沼正樹　二〇一〇「アムール下流域のオシポフカ文化」『北東アジアの歴史と文化』北海道大学出版会
林　茂樹　一九九五『伊那の石槍』上伊那埋蔵文化財研究所
林　茂樹・上伊那考古学会編　二〇〇八『神子柴』信毎書籍出版センター
森嶋　稔編　一九八八『唐沢B遺跡』千曲川水系古代文化研究所
山内清男　一九六九「縄文草創期の諸問題」『MUSEUM』二二四

◎次の方々にご配慮・ご教示いただいた。厚く御礼を申し上げたい。（五〇音順）
安斎正人　大竹憲昭　太田保　大場正善　小川忠博　加藤勝仁　工藤雄一郎　下村しげ子
鈴木素行　須藤隆司　田中清文　谷口康浩　中村耕作　中村由克　橋詰潤　馬場伸一郎
林ちゑ子　藤木聡　丸山敞一郎　御子柴泰正　望月明彦　山田昌久　綿貫俊一

伊那市創造館

・長野県伊那市荒井3520番地
・電話　0265（72）6220
・観覧時間　午前10時～午後5時
・観覧料　無料
・休館日　火曜・祝日の翌日・年末年始（12月28日～1月3日）
・交通　JR飯田線伊那市駅下車、徒歩約4分

常設展示室では国重要文化財の神子柴遺跡出土品全八七点を公開する。

伊那市創造館

刊行にあたって

「遺跡には感動がある」。これが本企画のキーワードです。

あらためていうまでもなく、専門の研究者にとっては遺跡の発掘こそ考古学の基礎をなす基本的な手段です。また、はじめて考古学を学ぶ若い学生や一般の人びとにとって「遺跡は教室」です。

日本考古学では、もうかなり長期間にわたって、発掘・発見ブームが続いています。そして、毎年厖大な数の発掘調査報告書が、主として開発のための事前発掘を担当する埋蔵文化財行政機関や地方自治体などによって刊行されています。そこには専門研究者でさえ完全には把握できないほどの情報や記録が満ちあふれています。しかし、その遺跡の発掘によってどんな学問的成果が得られたのか、その遺跡やそこから出た文化財が古い時代の歴史を知るためにいかなる意義をもつのかなどといった点を、莫大な記述・記録の中から読みとることははなはだ困難です。ましてや、考古学に関心をもつ一般の社会人にとっては、刊行部数が少なく、数があっても高価なその報告書を手にすることすら、ほとんど困難といってよい状況です。

いま日本考古学は過多ともいえる資料と情報量の中で、考古学とはどんな学問か、また遺跡の発掘から何を求め、何を明らかにすべきかといった「哲学」と「指針」が必要な時期にいたっていると認識します。

本企画は「遺跡には感動がある」をキーワードとして、発掘の原点から考古学の本質を問い続ける試みとして、日本考古学が存続する限り、永く継続すべき企画と決意しています。いまや、考古学にすべての人びとの感動を引きつけることが、日本考古学の存立基盤を固めるために、欠かせない努力目標の一つです。必ずや研究者のみならず、多くの市民の共感をいただけるものと信じて疑いません。

監　修　戸沢　充則

編集委員　勅使河原彰　小野　昭　小野　正敏　石川日出志　小澤　毅　佐々木憲一

著者紹介

堤　隆（つつみ　たかし）

1962年、長野県佐久市生まれ。

國學院大學大学院博士後期課程修了。博士（歴史学）。

現在、長野県御代田町浅間縄文ミュージアム主任学芸員、八ヶ岳旧石器研究グループ代表、明治大学黒耀石研究センター研究員。

第13回藤森栄一賞（1992年）、第16回岩宿文化賞（2007年）受賞。

専門　旧石器考古学、奈良・平安時代の考古学
主な著書　シリーズ「遺跡を学ぶ」009『氷河期を生き抜いた狩人・矢出川遺跡』、同別冊02『旧石器時代ガイドブック』（新泉社）、『列島の考古学　旧石器時代』（河出書房新社）、『黒曜石3万年の旅』（NHKブックス）、『遠き狩人たちの八ヶ岳』（ほおずき書籍）ほか

写真撮影／提供／所蔵
図1・11～16・33・34・42・44：小川忠博撮影（図16のNo.85を除く）／上伊那考古学会提供、図2：御子柴泰正撮影、図24：藤本武撮影／ひたちなか市教育委員会藤本弥城先史資料提供、図25～27・31・36・51・52：堤隆撮影、図30：大場正善提供、図38：千曲川水系古代文化研究所提供、図39：小川忠博撮影／千曲川水系古代文化研究所提供、図41・42：下村しげ子提供、図43：佐久市教育委員会提供（石器のみ）、図44：小川忠博撮影／大平山元Ⅰ遺跡発掘調査団提供、図45：長野県立歴史館提供、図49：長岡市立科学博物館提供、図54：加藤勝仁撮影、図55：南山大学博物館提供（ほかは上伊那考古学会提供）

図版出典
図3：国土地理院20万分の1地勢図「長野・甲府・高山・飯田」・2万5千分の1地形図「伊那」より作成、図19：『神子柴』より堤隆原図、図29：中村由克原図より一部改変、図35：佐原眞『斧の文化史』より一部改変、図40：堤隆原図、図47：長沼正樹2010原図より一部改変、図48：八幡町教育委員会『八森遺跡』より(左)、相沢忠洋・関矢晃『赤城山麓の旧石器』より(右)、図50：工藤雄一郎原図／国立歴史民俗博物館提供（図中写真は花巻市博物館、東北大学考古学研究室、栃木県教育委員会、國學院大學考古学研究室、津南町教育委員会、十日町市博物館、信濃町教育委員会、長野県立歴史館、沼津市教育委員会提供）

シリーズ「遺跡を学ぶ」089

狩猟採集民のコスモロジー・神子柴《みこしば》遺跡

2013年　6月10日　第1版第1刷発行

著　者＝堤　隆

発行者＝株式会社 新 泉 社
東京都文京区本郷2-5-12
振替・00170-4-160936番　TEL03(3815)1662／FAX03(3815)1422
印刷／萩原印刷　製本／榎本製本

ISBN978-4-7877-1239-4　C1021

シリーズ「遺跡を学ぶ」

A5判／96頁／定価各1500円＋税

●第Ⅰ期（全31冊完結・セット函入46500円＋税）

01 北辺の海の民・モヨロ貝塚　米村衛
02 天下布武の城・安土城　木戸雅寿
03 古墳時代の地域社会復元・三ツ寺Ⅰ遺跡　若狭徹
04 原始集落を掘る・尖石遺跡　勅使河原彰
05 世界をリードした磁器窯・肥前窯　大橋康二
06 五千年におよぶムラ・平出遺跡　小林康男
07 豊饒の海の縄文文化・曽畑貝塚　木﨑康弘
08 未盗掘石室の発見・雪野山古墳　佐々木憲一
09 氷河期を生き抜いた狩人・矢出川遺跡　堤 隆
10 描かれた黄泉の世界・王塚古墳　柳沢一男
11 江戸のミクロコスモス・加賀藩江戸屋敷　追川吉生
12 北の黒曜石の道・白滝遺跡群　木村英明
13 古代祭祀とシルクロードの終着地・沖ノ島　弓場紀知
14 黒潮を渡った黒曜石・見高段間遺跡　池谷信之
15 縄文のイエとムラの風景・御所野遺跡　高田和徳
16 鉄剣銘一一五文字の謎に迫る・埼玉古墳群　高橋一夫
17 石にこめた縄文人の祈り・大湯環状列石　秋元信夫
18 土器製塩の島・喜兵衛島製塩遺跡と古墳　近藤義郎
19 縄文の社会構造をのぞく・姥山貝塚　堀越正行
20 大仏造立の都・紫香楽宮　小笠原好彦
21 律令国家の対蝦夷政策・相馬の製鉄遺跡群　飯村均
22 筑紫政権からヤマト政権へ・豊前石塚山古墳　長嶺正秀
23 弥生実年代と都市論のゆくえ・池上曽根遺跡　秋山浩三
24 最古の王墓・吉武高木遺跡　常松幹雄
25 石槍革命・八風山遺跡群　須藤隆司
26 大和葛城の大古墳群・馬見古墳群　河上邦彦
27 南九州に栄えた縄文文化・上野原遺跡　新東晃一
28 泉北丘陵に広がる須恵器窯・陶邑遺跡群　中村浩
29 東北古墳研究の原点・会津大塚山古墳　辻秀人
30 赤城山麓の三万年前のムラ・下触牛伏遺跡　小菅将夫
別01 黒耀石の原産地を探る・鷹山遺跡群　黒耀石体験ミュージアム

●第Ⅱ期（全20冊完結・セット函入30000円＋税）

31 日本考古学の原点・大森貝塚　加藤緑
32 斑鳩に眠る二人の貴公子・藤ノ木古墳　前園実知雄
33 聖なる水の祀りと古代王権・天白磐座遺跡　辰巳和弘
34 吉備の弥生大首長墓・楯築弥生墳丘墓　福本明
35 最初の巨大古墳・箸墓古墳　清水眞一
36 中国山地の縄文文化・帝釈峡遺跡群　河瀬正利
37 縄文文化の起源をさぐる・小瀬ヶ沢・室谷洞窟　小熊博史
38 世界航路へ誘う港市・長崎・平戸　川口洋平
39 武田軍団を支えた甲州金・湯之奥金山　谷口一夫
40 中世瀬戸内の港町・草戸千軒町遺跡　鈴木康之
41 松島湾の縄文カレンダー・里浜貝塚　会田容弘
42 地域考古学の原点・月の輪古墳　近藤義郎・中村常定
43 天下統一の城・大坂城　中村博司
44 東山道の峠の祭祀・神坂峠遺跡　市澤英利
45 霞ヶ浦の縄文景観・陸平貝塚　中村哲也
46 律令体制を支えた地方官衙・弥勒寺遺跡群　田中弘志
47 戦争遺跡の発掘・陸軍前橋飛行場　菊池実
48 最古の農村・板付遺跡　山崎純男
49 ヤマトの王墓・桜井茶臼山古墳・メスリ山古墳　千賀久
50 「弥生時代」の発見・弥生町遺跡　石川日出志

●第Ⅲ期（全26冊完結・セット函入39000円＋税）

51 邪馬台国の候補地・纒向遺跡　石野博信
52 鎮護国家の大伽藍・武蔵国分寺　福田信夫
53 古代出雲の原像をさぐる・加茂岩倉遺跡　田中義昭
54 縄文人を描いた土器・和台遺跡　新井達哉
55 古墳時代のシンボル・仁徳陵古墳　一瀬和夫
56 大友宗麟の戦国都市・豊後府内　玉永光洋・坂本嘉弘
57 東京下町に眠る戦国の城・葛西城　谷口榮
58 伊勢神宮に仕える皇女・斎宮跡　駒田利治
59 武蔵野に残る旧石器人の足跡・砂川遺跡　野口淳
60 南国土佐から問う弥生時代像・田村遺跡　出原恵三
61 中世日本最大の貿易都市・博多遺跡群　大庭康時
62 縄文の漆の里・下宅部遺跡　千葉敏朗
63 東国大豪族の威勢・大室古墳群〔群馬〕　前原豊
64 新しい旧石器研究の出発点・野川遺跡　小田静夫
65 旧石器人の遊動と植民・恩原遺跡群　稲田孝司
66 古代東北統治の拠点・多賀城　進藤秋輝
67 藤原仲麻呂がつくった壮麗な国庁・近江国府　平井美典
68 列島始原の人類に迫る熊本の石器・沈目遺跡　木﨑康弘
69 奈良時代からつづく信濃の村・吉田川西遺跡　原明芳
70 縄紋文化のはじまり・上黒岩岩陰遺跡　小林謙一
71 国宝土偶「縄文ビーナス」の誕生・棚畑遺跡　鵜飼幸雄
72 鎌倉幕府草創の地・伊豆韮山の中世遺跡群　池谷初恵
73 東日本最大級の埴輪工房・生出塚埴輪窯　高田大輔
74 北の縄文人の祭儀場・キウス周堤墓群　大谷敏三
75 浅間山大噴火の爪痕・天明三年浅間災害遺跡　関俊明
別02 ビジュアル版 旧石器時代ガイドブック　堤 隆

●第Ⅳ期 好評刊行中

76 遠の朝廷・大宰府　杉原敏之
77 よみがえる大王墓・今城塚古墳　森田克行
78 信州の縄文早期の世界・栃原岩陰遺跡　藤森英二
79 葛城の王都・南郷遺跡群　坂 靖・青柳泰介
80 房総の縄文大貝塚・西広貝塚　忍澤成視
81 前期古墳解明への道標・紫金山古墳　阪口英毅
82 古代東国仏教の中心寺院・下野薬師寺　須田勉
83 北の縄文鉱山・上岩川遺跡群　吉川耕太郎
84 斉明天皇の石湯行宮か・久米官衙遺跡群　橋本雄一
85 奇異荘厳の白鳳寺院・山田寺　箱崎和久
86 京都盆地の縄文世界・北白川遺跡群　千葉豊
87 北陸の縄文世界・御経塚遺跡　布尾和史
88 東西弥生文化の結節点・朝日遺跡　原田幹
89 狩猟採集民のコスモロジー・神子柴遺跡　堤 隆
別03 ビジュアル版 縄文時代ガイドブック　勅使河原彰